丁瑜　陈永杰　黄思敏　著

政府购买服务之三元主体关系论辩

——以广佛都市圈实践经验为例

RELATIONSHIP BETWEEN PURCHASER,
SERVICE PROVIDER AND USERS IN GOVERNMENT
PURCHASE OF SERVICE CONTRACTING

– Cases and Experience from Guangzhou and
Foshan in Guangdong, China

社会科学文献出版社
SOCIAL SCIENCES ACADEMIC PRESS (CHINA)

本书受教育部人文社会科学研究青年基金项目
（13YJC840007）资助

内容摘要

随着政府服务观念转变与相关政策推动，采用政府向社会组织购买公共服务模式的城市不断增多，覆盖的服务类型逐步扩展，服务内容日趋多元化，也出现了很多现实难题。政府向社会组织购买服务在我国出现不到20年，许多地方还缺乏实践经验，难免会走不必要的弯路。在此情况下，总结我国已有实践中的典型案例，为后来者提供借鉴与指导就显得尤为重要。广东省一直走在改革开放的前沿，在公共服务供给的公私合作实践方面也是敢闯敢试，内容、数量与质量上都位于我国前列，而在广东省内，又以广佛都市圈最为突出。广州和佛山两市经济发达，制度完善，敢于尝新，都较早采用了政府购买公共服务的模式，历经十数年发展，在政府购买与社会工作发展方面形成了自身鲜明的特色。

通过对比广州市与佛山市政府向社会组织购买公共服务的实践，我们发现佛山在购买服务方面的尝试更倾向小型化、分领域，也更灵活，它不是直接对广州的经验加以复制，而是基于自己的经济社会发展特征，逐步形成了自己的逻辑，比如更加关注服务使用者，尝试在实践中体现购买者与承接者对使用者需求的重视，重视服务方案设计，评估过程更加扁平、直接，购买者也更尊重承接者的专业性与项目的实际运营需要，在资金投入、过程管理和结果评估方面都有新的构想和实践，以提升服务成效。这种关注使用者的价值导向令佛山的社会服务具有先进的思维，在一定程度上填补了广州的"短板"。两地的经验合一，就对全国其他地方的实践具有很好的参考性。那么，广州在近年的政府购买实践中究竟有何经验教训？佛山的实践有什么特别之处？它的价值会产生什么样的实践导向？它的案例能为我们提供什么经验？有哪些是值得深思的？又有哪些问题需要注意和避免？围绕着这些问题，抱着梳理与反思政府购买公共服务发展经验的目的，我们将在本书中着重探究以下问题：

（1）政府购买公共服务在世界范围内经历了怎样的变迁？背后的理论逻辑为何？

（2）各国、各地区有哪些主要的实践经验？它们各自的特点是什么？

（3）我国的实践又是基于怎样的制度背景与理论基础？我国政府购买公共服务的主要方式是怎样的？有何利弊？

（4）佛山的公共服务供给现状如何？政府购买公共服务的基本状况是怎样的？它的案例标示了怎样的特点，会给我们带来什么启发？

（5）政府购买公共服务中的三元主体应是怎样的关系？在我国的经济社会发展背景下其实践应如何回应这样的关系？

我们首先会为读者勾勒出政府购买公共服务在世界范围内的发展概况，梳理已有研究，呈现国内外政府向社会组织购买服务制度的变迁历程及所依据的理论基础；然后介绍中国香港、美国和英国的经验，尤其是它们如何使不同主体发挥各自作用，最终走向合作共赢；接着阐述三元主体的理论框架，在此基础上以广州的经验为引子，以佛山三个行政区政府购买养老服务的构想与实践为核心，用两地的实践经验对其进行回应，这是本书的重点。

广州的经验回顾令我们看到了购买者、服务承接者与使用者三元主体"牵一发，动全身"的密切关系；佛山的案例是我们反思现阶段实践中三元主体关系存在问题后作出的实证探索与尝试，意在探究三元主体中除了政府作为购买者外另两个主体，即服务承接者，尤其是服务使用者的主体性，探寻购买实践中增强其角色与作用、平衡三方关系的可行方法。

佛山三区各有不同的地方特色与文化，区政府的资源不同，区内人口结构和老龄化状况也有不同，但我们所做的规划方案有一致的核心思路：第一，最大限度地实现服务使用者的需求，最大限度地凸显其声音；第二，鼓励多方参与服务提供，最大限度地运用市场机制激发良性竞争，以竞争促质量；第三，寻求三方的新型合作关系，达到既制衡各方权力，又激发各方动力的目的。在这种思路下，政府、社会组织与个人将会跳脱出单纯的购买者、服务承接者与使用者的角色，不是以往的政府当家话事、社会组织服务、个人接受的格局，各自的权利与义务发生了一些变化：个人更能体现出作为消费者与服务使用者的权益，即其对享有的服务有最终的选择权与评价权；政府与社会组织都可能承担起服务承接者的角色，都要接受使用者的评价；在公众利益最大化原则的带领下，政府需要拓宽思路，在资金、组织发展、自身角色方面积极探索更灵活的可行之策；社会组织将面临更充分的竞争。

三个案例有助于读者理解三元主体环环相扣的关系应如何落实到服务规划中，它们凸显了我们的核心论点：政府购买公共服务中的三元主体应是一种平衡的、互相呼应、互相扣合的关系，购买方、承接方与使用者各有各的职能、角色与地位，哪一方独大都将引致问题，破坏平衡。

对政府购买公共服务过程中各个角色的职能与地位进行分析是本书的一大创新。在此视角下，不难发现我国当前社会服务供给中不同主体的力量差异悬殊，尤其是购买方的政府一家独大，而承接方与使用者进行利益表达的权利得不到施展，主体间关系长期呈现失衡状态。在实践中，政府应适当为社会服务"松绑"，给予承接方与使用者充足的发展空间，尤其要注重服务使用者的利益与需求，鼓励使用者就切身利益之事发出声音，要用不同的方式确保其有更多的参与权与话语权，为其创造有效的表达途径，将使用者的诉求作为社会服务规划的依据，也要有有效的监督与评价机制来保障。

目　录

contents

第一章 政府购买服务的理论与
实践发展

在新公共管理之风的带动下，公共服务供给机制的变革在世界范围内铺开，各国都在尝试打破过去政府对公共服务供给的垄断，以提高公共服务供给的效率与质量。在完全私有化与政府大包大揽两个极端之间，人们寻找到了一条更为温和的道路——作为公私合作的一种形式，政府向社会组织购买公共服务的模式开始进入大众的视野。

所谓政府向社会组织购买公共服务（Purchase of Service Contract，以下简称 POSC），就是从传统的政府直接供给公共服务变成采取公开招标或是财政拨款的方式，把公共服务的各种项目交给社会上有资质的机构组织，然后根据组织提供服务的质量和数量支付相关费用（王浦劬、萨拉蒙，2010）。POSC 一般以弱势群体为服务对象，其承接主体以非营利组织为主，但也不乏私营企业（萨拉蒙，2008）。在美国，政府采用 POSC 模式提供公共服务，涵盖的领域包括就业培训、寄养服务、家庭咨询、青少年辅导、住房救济、老年人日间照顾、外来劳工健康评估等。这些内容不同于政府对自身需要的物品和服务的采购，也不同于垃圾采集、街道保洁等硬服务（hard public service），是一种人类服务（human service）或社会服务（social service）（Salamon，2002）。

这一模式率先在欧美发达国家产生并推广，到 20 世纪 90 年代末，我国开始零星出现政府向社会组织购买公共服务的案例。上海最早使用了这一模式。浦东新区社会发展局在 1995 年为罗山街道居民建立了休闲中心，为了提高中心的管理效率，发展局不再单纯依靠街道办事处和居委会等传统的社区管理组织，而是采用了协商的方式将项目委托给上海基督青年会、联合居委会、街道办来共同管理。2000 年上海再次率全国之先，在养老服务领域开始了政府向社会组织购买服务的实践，在 6 个区的 12 条街道展开了试点。

在此之后，我国其他地区的一些城市也开始了 POSC 的实践探索，公共服务购买的内容逐渐增加，范围扩展到医疗卫生、教育培训、计划生育、就业与社区服务等领域。比如，南京市鼓楼区于 2003 年推出由政府购买、民间组织负责运作的"居家养老服务网"工程，由民间组织"心贴心社区服务中心"为独居老人提供居家服务。2004 年，上海市政府再次迈出改革的新步子，将外包服务的范围扩大到了一些管理性的社会工作上，三家民办非企业性质的社团组织"自强公共服务总社""新航社区服务总站""阳光社区青少年事务中心"正式挂牌成立。通过政府购买服务，三个组织聘用社会工作者，分别承包了上海的禁毒、社区矫正、区青少年事务的管理工作。2005 年，政府购买服务进入了医疗卫生、文化旅游与市政领域，比如，无锡市政府除了购买养老服务，还先后外包了十多种项目，包括养老机构、结核病防治、污水处理、环卫工作、城市绿化、市内设施养护、路灯养护以及文化旅游等。深圳市政府于 2007 年发展了三家社会服务机构，分别是鹏星社会工作服务社、深圳慈善公益网以及社联社会工作服务中心，成为深圳市开展相关实践的重要试点，三家机构涉及的服务范围也比较广泛，包括社区建设和矫正、社会救助和福利、医疗卫生、青少年事务、人口计生、家庭婚姻等。2011 年以后，政府购买公共服务进入了国家政策层面，中央制订了相关的政策文件和行政法规，政府购买服务逐步进入制度化、规范化和法治化的发展轨道。国务院办公厅在 2013 年 9 月发布了《政府向社会力量购买服务的指导意见》，要求"到 2020 年，在全国基本建立比较完善的政府向社会力量购买服务制度"。

政府向社会组织购买服务不仅能够完善政府的治理手段，还能够充分彰显国家治理的现代化程度。在 POSC 模式得到大力发展，各级政府对其寄予厚望的同时，我们必须认识到它并非无所不能，只有在制度条件满足其发展需要时，POSC 才能真正展现它的价值，实现效率、民主、有效治理与政府责任的目标（刘舒杨、王浦劬，2016）。由于地方实际情况存在差异，各地政府相继出台了很多具有地域特色的各类指导意见和实施办法，对

POSC 的范围、流程、监管与评估等作出具体规定，逐步使其实践规范化。在创新社会治理的大背景下，政府购买公共服务的模式已经成为公共服务发展的中流砥柱。但总的来说，我国仍处在 POSC 的起步与尝试阶段，各种实践探索主要集中于大中城市，内容上也比较传统，主要落在社区矫正、养老以及青少年救助等领域。

第一节　导论

随着政府服务观念的转变与相关政策推动，采用 POSC 模式的城市不断增多，覆盖的服务领域逐步扩展，服务内容日趋多样化，同时，也出现了很多现实难题，制度设计、市场环境、项目管理、承接主体发展等方面的不完善，导致购买服务未能满足民众的需求，有时会造成公共资源的浪费。尤其是在较早采用 POSC 的城市里，社会服务日新月异，人们的需求不断变化、增多、复杂化，对其的回应也相应地需要更复杂的设计、评估，更周密的考虑，以及更完善的制度支撑。有些城市已经凸显了 POSC 的发展瓶颈，购买服务实践过程中问题层出不穷。比如政府作为巨大的行政机器，财务制度与程序谨慎复杂，承接服务的社会组织同时运作不同的服务项目，承担了很大的财务风险，在一定程度上影响甚至制约了服务开展与机构发展；以招投标为主的购买方式捆绑着按各项指标计分的评估方式，刻板的绩效考核势必在一定时间之后引发社会组织重投标、重评估、轻过程的趋势，机构可能会"摆花架子"以应付评估，求得好分数过关得到下一轮经费，不重视服务对象的真正需求甚至潦草应付；各社会组织间因此产生恶性竞争，为夺标不断提高服务承诺，脱离实际，还有为争夺中标机会贿赂官员、走关系布网络，甚至使用黑恶手段压制竞争对手的；有些机构会因为评估中的零点几分之差丢掉一个项目，人员撤离，令社区的服务中断，有些社区服务几经易手，居民无所适从，建立起来的社会工作的专业形象便打了折扣。无论是什么情况，最终都会折损政府与社会组织的公信力与专业形象，不利于公共服务的推行与发展。因此，我们不能仅仅关注 POSC 的优越性，更要看到其限制与存在的风险，全面正确地认知和把握这一机制的利弊，扬长避短，才能让其顺利地在本土的环境中发展下去。然而 POSC 模式在我国出现不到 20 年，许多地方政府尚缺乏实际经验，一路摸索一路前行，难免会走不必要的弯路。在此情况下，总结我国已有实践中的典型案例，为后来者提供借鉴与指导就显得尤为重要。

广东省一直走在改革开放的前沿，在公共服务供给的公私合作实践方面也是敢闯敢试，内容、数量与质量上都位于我国前列，而在广东省内，又以广佛都市圈最为突出。广州和佛山两市经济发达，制度完善，敢于尝新，都较早采用了 POSC 的模式，历经十数年发展，在政府购买与社会工作发展方面形成了自身鲜明的特色。广州、佛山正逐步一体化，人员流动更为频繁，许多政策都鼓励两地资源、人才互通，许多措施体现了"同城"的思想，但两地发展历史与现状不同，经济社会、传统习俗、人文风貌、社区状态各有特色，社会服务也发展出不同的形态，具有独特的地方特色。如果说广州在社会服务方面呈现构图和投入的"宏大"手笔，推行与发展的"强大"动力，以及资源和人才的"丰富"积累，那么佛山则显现出一种"小而美""精专尖"的灵活高效态势。通过对比广州市与佛山市政府向社会组织购买公共服务的实践，我们发现佛山在购买服务方面的尝试更倾向小型化、分领域，也更灵活，它不是直接对广州的经验加以复制，而是基于自己的经济社会发展特征，逐步形成了自己的逻辑，比如更加关注服务使用者，尝试在实践中体现购买者与承接者对使用者需求的重视，重视服务方案设计，评估过程更加扁平、直接，购买者也更尊重承接者的专业性与项目的实际运营需要，在资金投入、过程管理和结果评估方面都有新的构想和实践，以提升服务成效。这种关注使用者的价值导向使佛山的社会服务具有先进的思维，在一定程度上填补了广州的"短板"，两地的经验合一，就对全国其他地方的实践具有很好的参考性。那么，广州在近年的政府购买实践中究竟有何经验教训？佛山的实践有什么特别之处？它的价值会产生什么样的实践导向？它的案例能为我们提供什么经验，有哪些是值得深思的？又有哪些问题需要注意和避免？围绕着这些问题，以及要对 POSC 的发展进行梳理与反思的目的，我们想在本书中回答以下问题。

（1）政府购买公共服务在世界范围内经历了怎样的变迁？背后的理论

逻辑为何？

（2）各国、各地区有哪些主要的实践经验？它们各自的特点是什么？

（3）我国的实践又是基于怎样的制度背景与理论基础？我国政府购买公共服务的主要方式是怎样的？有何利弊？

（4）佛山的公共服务供给现状如何？政府购买公共服务的基本状况是怎样的？它的案例标示了怎样的特点，会给我们带来什么启发？

（5）政府购买公共服务中的三元主体应是怎样的关系？在我国的经济社会发展背景下 POSC 的实践应如何回应这样的关系？

我们将以广州的经验为引子，以佛山三个行政区政府购买养老服务的构想与实践为核心，两地的经验相互印证、相互补充，论证如何优化购买服务效率与质量，为其他城市的实践探索提供参照。更重要的是，我们要从理论上进行探讨分析，找到问题的根源，以构建一个更符合本土社会背景的 POSC 操作方式。

本书的第一章是回顾与梳理性质的内容，意在为读者勾勒出 POSC 在世界范围内的发展概况，包括学者的研究现状与各地的实践经验，使读者能更清楚地了解我国 POSC 处于什么阶段，面临什么问题。首先梳理当前关于政府向社会组织购买服务的已有研究，呈现国内外政府向社会组织购买服务制度的变迁历程、所依据的理论基础，以及我国最终形成的购买服务的模式；然后，总结其他国家与地区的经验，一窥其 POSC 制度的特征与共同点，这将给我们一些启示，让我们更充分理解在不同社会经济背景下的不同实践重点。

在第二章里介绍中国香港、美国及英国的政府购买服务经验，通过梳理三个国家/地区的 POSC 发展状况，深入剖析它们的经验，包括制度建设、购买服务的流程以及相应的保障措施等，探究它们是如何健全 POSC 机制，如何使不同主体在过程中发挥各自的作用，最终走向合作共赢的。本章的最终目的与叙述重点在于探讨各地的优势与对我国的启发。

第三章是理论框架的部分，将详细阐释对三元主体关系的理解。首先讲述广州的故事，它遇到的问题是一个缩影，能让我们对我国的 POSC 现状一窥究竟。从种种问题中我们可以看到三元主体的关系是互相纠缠、互相影响的，购买方、承接方与使用者各有各的职能、角色与地位，哪一方独大都将引致问题，破坏平衡。因此承接方与使用者都应有其表达的权利，尤其是使用者的声音，更应该被关注与倾听。我们把这些经验工具化，便能帮助识别发展中的问题，同时，也让我们对三元主体关系有更深的把握。

在前几章铺垫的全局眼光下我们将再次聚焦本土，阐述在广佛同城的背景下佛山本地的政策导向与实践方式，让读者体会佛山 POSC 的独到之处，以更好地理解前面讲述的三元主体关系。第四章至第六章分别阐述了佛山市三个区政府向社会组织购买养老服务的规划案例，从项目的背景、社区及人口特征、项目设计过程、规划等方面进行详细剖析，让读者对三个项目的运行逻辑一目了然，便能更好地理解各自的优势，进而理解三元主体环环相扣的关系应如何落实到服务规划中。最后第七章在整合三个案例的基础上再回到三元主体框架，从不同角度分别提出政策建议。

本书的整体架构与内容的呈现方式都是为了凸显我们的核心思想，即 POSC 中的三元主体应是一种平衡的、互相呼应、互相扣合的关系。采用三元主体分析框架，对 POSC 过程中各个角色的职能与地位进行分析是本书的第一个创新点。在此视角下，不难发现我国当前社会服务供给中不同主体的力量悬殊，尤其是购买方的政府一家独大，而承接方与使用者进行利益表达的权利得不到施展，主体间关系长期呈现失衡状态。在实践中，政府应适当为社会服务"松绑"，给予承接方与使用者充足的发展空间，尤其要注重服务使用者的利益与需求，鼓励使用者就切身利益之事发出声音，要用不同的方式确保其有更多的参与权与话语权，为其创造有效的表达途径，将使用者的诉求作为社会服务规划的依据，也要有有效的监督与评价机制来保障。这既是我们的目标，也是目前存在的最大问题——许多项目看起来好像是为了满足使用者需求，或自诩建立在需求评估的基础上，但实际上很多都是"做出来的"需求，浮于表面。佛山的案例能否给我们一些示范，让我们看到如何才是真正回应使用者需求？如何将使用者的意见与评价真正融入项目中，亦即真正的"以民为本"如何落实？进而启发读者对于当前政社关系的反思。

本书的第二个创新点在于案例的选取。佛山作为广州的近邻，往往被掩盖在广州社会经济发展的耀眼光芒之下，关于 POSC、社会工作发展的许多论述都是以广州为案例展开的。但经过十来年的快速发展，广州近年来的社会工作实践遇到了很多亟待解决的问题，最突出的就是它的家庭综合服务中心的模式，从设计到实施都以结果考察为核心，非常容易出现评估分数高于一切、结果重于过程的现象。政府成为整个体系运作的主轴，社会组织成为围绕指标行动的次要角色，而作为服务接受方的使用者则最为弱势，没有实际上的发言权。调研发现，相对于我国其他地区在指标限定上严格死板的特征，佛山市政府向社会组织购买服务的灵活度较高，更注重民众的声音，并且能够根据使用者的需要进行调整。它的实践更接近三元主体平衡发力的形态，在此基础上所做的规划也更有实现的条件。使用者的权利与权益是佛山社会服务供给的关注重点，通过有效的参与渠道，群众的意见与评价得以融入整个项目的设计与规划中，被赋予了监督与推进的角色。不同于国外或我国香港等其他社会服务较为发达的国家和地区，广州与佛山和我国其他地区处在同样的社会背景下，各方面制度与文化都更为相似，可借鉴性高，对于我国其他地区提升自身政府向社会组织购买服务的水平更具参考价值。本书讨论广佛两地的经验，正是希望能够在这一点上提供一个好的样本。

本书讲述了广州及佛山三个不同区的经验，有关联，有对比，以案例数量与类型上的丰富性避免了案例不足带来的偏差，通过全局的分析使读者能更全面地了解我国政府向社会组织购买服务的现状与不足，使之对购买服务的未来发展有更深入的了解。这是本书的第三个创新点。

第二节　政府购买服务的发展脉络

一　社会公共服务制度的变迁

（一）西方国家社会公共服务制度变迁

19 世纪末到 20 世纪初，西方的加速工业化带来了繁荣的经济，但由于存在市场失灵问题，市场缺乏足够动力生产社会公共服务，导致贫困、疾病、失业等社会问题不断堆积。为应对迫切的社会需要，英、德等国家纷纷出台了各种社会保障政策，承担起为社会成员提供公共服务的责任。在第二次世界大战之后，随着国家经济实力的恢复与凯恩斯主义大行其道，政府对社会公共服务的干预得到了广泛的社会认同，福利国家将社会权利纳入公民权利的范畴，进行普惠型的国家福利体制改革，政府成为公共服务的主要生产和递送者。彼时，政府干预的方式一般有三种，一是通过购买服务设施与雇用劳动力，直接为社会成员提供某些产品或服务；二是实施财政补贴，降低某些产品或服务的价格，甚至免费向社会成员提供；三是通过制定法规对产品或服务的生产过程、质量、数量或价格进行规范（徐月宾，1995）。随着政府对社会生活的干预范围与强度不断加大，公共福利开支不断增长。

到 20 世纪 60 年代，西方福利国家的发展趋于鼎盛，相关法律制度建设日益完善，社会保障与公共服务基本覆盖了全体社会成员。这一时期，低收入阶层的基本生存得到保证，社会贫富分化得到遏制，福利国家的社会面貌得到了很大改善。但与此同时，对福利国家不满的人的比例也在增长。在自由主义传统浓厚的英、美经济学界，越来越多的人开始提倡私有化，减少政府在社会福利中的作用。从以往的实践来看，政府直接提供公共服务的确有诸多弊端。比如，公共服务具有严重的官僚主义色彩，存在低效、腐败等问题，难以摆脱高成本、低效益带来的资源浪费；由于庞大的社会福利开支居高不下，福利国家的财政状况不断恶化，经济发展陷入停滞，人们开始怀疑政府对经济的掌控能力（Philip，2001）；政府直接提供或补贴的产品与服务远低于正常的市场价格，容易诱使社会成员消耗超出实际需要的产品与服务；政府全盘兜底的模式容易引发社会成员对政府提供的福利产生恶性依赖等。

此时，两条变革路径逐渐显现：一是选择私有化，利用私有部门的高效率、低成本向公众提供服务；二是从公共部门自身入手进行改革创新，改善对公众的公共服务，重拾公众信任（Holzer & Callahan，1998）。即便是在那些支持第二条路径的声音中，建立伙伴关系也成为重要考虑因素。潜在的伙伴包括公民与志愿者、私营部门、非营利组织等，而它们也恰恰是私有化的形式。因此可以说，看似与私有化策略不同的内部改革策略也难以抗拒建立伙伴关系的构想，私有化的理念已然成形。

20 世纪 70 年代末至 80 年代初，英国首相撒切尔夫人与美国总统里根上台后，一场轰轰烈烈的私有化运动拉开了帷幕。在新右主义政党的领导下，西方国家纷纷进行大规模的福利改革，削减福利支出，减少政府干预，将市场推到前台代替政府提供公共服务。这一时期公共服务的私有化主要有三种形式。第一种是减少或取消政府直接提供的产品或服务，鼓励并扩大私营企业、非营利组织、慈善组织、互助团体等组织的功能。第二种是减少政府补贴，实行收费制度。第三种是减少或取消政府对私人部门与社会组织经营公共服务的限制。私有化的最终目标是使政府完全跳出福利生产者与提供者的角色，或尽可能让企业与社会组织承担服务生产及提供的责任，从而利用市场机制降低服务成本、价格，提高服务质量。

虽然政府直接提供公共服务存在许多弊端是被普遍承认的事实，但社会福利领域也有市场失灵的前车之鉴，将公共服务完全推向市场不仅存在技术方面的问题，更涉及政治层面的困难（萨瓦斯，2002：16）。在这种情况下，政府向社会组织购买公共服务作为一种折中形式登上了舞台，并被认为是克服"两头失灵"的良方。于是，社会组织逐渐进入了公共服务领域，国家、集体与个人共同参与的模式得到了发展。英国在 20 世纪 90 年代首先提出可以通过公私合作的方式为社会提供公共服务，受到广泛关注，先后被美国、加拿大等国采纳，随后越来越多的国际组织，如联合国、世界银行、欧盟、经济合作与发展组织等，吸收了公私合作的先进理念，使得这一方式在全球范围内盛行起来，也有越来越多的发展中国家接受了这一模式并开始投入实践。

（二）中国社会公共服务制度变迁

新中国成立后，在特殊的社会经济背景下采用了计划经济体制，国家几乎控制了所有资源，人民在物质生活上高度依赖政府分配。城乡户籍制度的存在将城市与乡村划分为两大区块，农村居民依附于当地人民公社的生产大队，城市劳动者与工作单位紧紧绑定，对于无工作的家庭妇女、老人和未成年人，则由街道办事处和居民委员会进行管理与服务。一套政府包揽、各级单位负责生产与提供的公共服务供给制度由此形成。政府的行政力量囊括了几乎所有福利性、服务性、公益性的活动,通过公社、单位或群众团体向社会成员提供服务,服务的过程往往是自上而下的,与计划经济时期的经济社会运行模式一致。

除了政府负责之外,这套供给模式还有一个非常显著的特征——非专业性,具体体现为社会工作体系的行政性与社会工作人员的非专业性。负责实际社会工作的人员并非以之为本职,他们在从事福利性、公益性助人活动时都是以行政干部与准行政干部的身份出现的;他们大多没有专业社会工作的知识背景,没有接受过社会工作所要求的系统的专门训练(王思斌,1996)。

计划经济时期,我国物质资源相对匮乏,国家还会采用颇具革命色彩的精神鼓励法来弥补现实社会工作与服务的不足,比如大力宣扬革命的英雄主义,强调蔑视困难,呼吁革命队伍互相关心、爱护、帮助,鼓励民众挺过难关等。每当人们在实际生活中遇到困难,单位和组织会先打出这套思想战术,"先生产,后生活"就是一个典型的口号。这种策略往往不能解决实际问题,反而使社会问题越积越多(王思斌,1996)。

政府主导的社会工作中,政治目标往往是首先考虑的因素,不但政府以政治性为公共服务供给的标杆,民众同样受到这种思想的影响,他们多在政治动员下加入其中。在接受来自政府的服务时,民众往往更注重其中的政治意义而忽视社会意义,社会意识相对淡薄。政府不采取政治运动式动员时,人们往往也不会主动向政府要求提供公共服务,而只是扮演着被动的接受者的角色。

这种"重政治、轻社会"行政本位的非专业化公共服务体系一直持续到改革开放初期。随着市场经济发展与国家"抓大放小",大批中小国有企业破产倒闭,事业单位改革,家庭联产承包责任制开始施行,人民公社不断瓦解,依托单位与公社进行的服务供给难以维系。为了填补公共服务的真空,农村出现了村委会代替已经解体的生产大队体制。在城市里,单位制虽逐步瓦解,但社区中的街道办事处和社区居委会却留存下来,承担起了接续从企业和事业单位剥离出来的社会保障和公共服务职责,以

"街道为中心，居委会为依托"，发展起了以社区为单位的公共服务供给模式，开展主要由社区福利服务业、便民利民服务业组成的"具有福利性、群众性、服务性、区域性四大特点"的社区建设（夏建中，2008）。但在实际工作中，社区依然有浓厚的行政色彩，社区专业服务观念仍未能树立起来，街道办与居委会也依然没有摆脱过去行政化的工作方法，行政内容占据了工作的大部分，囿于观念与方法，工作人员也难有积极性深入社区提供服务，社区居民组织流于形式，社区服务得不到实质性的发育（吕方，2010）。

面对新的机遇与挑战，受国外公共服务市场化成功经验的启发，一些地区将目光转向了公私合作提供服务的新模式，即 POSC，它提供了一种新理念、新机制和新方法。在 21 世纪前后，我国一些城市如上海、无锡等陆续进行了政府购买服务的探索，购买服务覆盖的领域也不断扩大。《中共中央关于全面深化改革若干重大问题的决定》明确提出"加大政府购买公共服务力度……推广政府购买服务，凡属事务性管理服务，原则上都要引入竞争机制，通过合同、委托等方式向社会购买"。政府向社会组织购买公共服务，有利于重新调整自身角色，拉近政社之间的距离并建立良好的合作关系，让市场更好地调控各类公共资源。自 2008 年起，上海、北京、广东陆续推出了相关的购买政策。2013 年以后，越来越多的政府购买公共服务意见出台，POSC 已经逐渐成为普遍趋势。

二　政府购买服务的理论基础

政府向社会组织购买服务的实践是在多种理论的综合推动下发展的。新公共管理理论、公共物品理论、新公共服务理论、多中心治理理论都是其理论来源。这些理论有各自的视角和观点，从不同侧面推动了实践。下面我们将勾勒出这些理论发展的大致脉络。

（一）打破政府垄断、鼓励私营参与的经典理论

关于 POSC 的经典理论主要包括新公共管理理论与公共物品理论。新公共管理理论自 20 世纪 70 年代开始在英美兴起，是对大政府模式的突破；公共物品理论则更偏技术性，主要是对购买服务类型的指引。两者都在一定

程度上吸收了现代经济学的相关理论。

新公共管理理论建立在现代经济学和私营企业管理理论和方法的基础上。由此指明了公共管理的改革方向。它主张打破政府对公共服务生产和供给的垄断，让非政府组织参与公共服务的竞争。该理论认为"理性官僚制"作为一种传统、落后的管理理论，是建立在科层制管理基础上的，其权力体系以层级节制为特点，在组织管理上呈现明显的非人格化特征。在这个制度中，所有工作被细化、分配，每个人员、部门各有职责，需严格遵循规章制度；各部门之间处于封闭且相互分离的状态，但职能之间又有重叠的部分；整个行政体系庞大冗杂，官僚之风盛行，最终导致公众的需求无法及时得到满足，公共服务发展停滞不前。这显然难以适应时代的发展。全球化和知识经济时代的到来意味着原有的公共服务体制需要经历一场彻底的、方向性的变革，建立起综合运用政府科层制体系、市场机制、社会自治体系的新型公共服务体制。改变政府在公共服务市场中一家独大的局面，向公共服务的供给引入竞争机制，成为新公共管理高举的旗帜。

在政府功能定位的问题上，新公共管理理论认为，政府的主要职能应当是"掌舵"而非"划桨"（奥斯本、盖布勒，2006），这意味着，政府在公共行政中应是政策制定者与市场参与者，公共服务的管理和操作应当是相互独立的，相关的产品和服务可以通过市场竞争的方式由社会组织生产，由政府负责提供。萨瓦斯（2002）认为，政府服务成本高而收效微的原因不在于是公营还是私营，而在于是垄断还是竞争，而政府活动大多数是以垄断的方式进行的。因此，在政府公共服务供给方式上，新公共管理理论主张引入市场竞争，开放公共服务市场，通过社会组织的加入唤醒市场活力，推动产品和服务质量的提升，让政府从公共服务的压力中抽身出来，才能为公众提供更多种类的公共服务和更多元化的选择。

新公共管理理论论证了政府向社会组织购买服务的必要性，什么类型的服务适合外包自然而然地成为下一个关注重点。在这一背景下，公共产品理论应运而生。该理论认为，可以依据公共产品的非竞争性、非排他性两个特征将其划分成准公共产品与纯公共产品。纯公共产品是指完全具备非排他性和非竞争性，且具有强外部性的公共产品，如国防、国家安全、行政管理、司法管理、立法、基础科学研究等。准公共产品是指只具备较弱的非排他性、非竞争性或外部性的产品。根据非排他性、非竞争性与外部性程度的变化，准公共产品可以进一步划分为公共池塘资源物品（common-pool resources）与俱乐部物品（club goods）。

公共产品理论认为，公共产品的非排他性与非竞争性与市场自身缺陷导致市场在这类资源配置上的无效率，即通常所说的"市场失灵"。市场失灵要求政府干预，但如果由政府包揽所有社会福利服务，完全依靠行政体系生产与供给公共服务，则会陷入另一个极端。由政府垄断公共服务的方式往往是低效率的，由于缺乏竞争力、缺乏控制成本的积极性且缺乏有效监督，这种方式极易带来重复投资、盲目建设等现象，增加服务成本，降低服务质量，也就是所谓的"政府失灵"。对此，学界提出的策略是，政府直接提供纯公共产品，对于并非具有绝对的非排他性与非竞争性的准公共产品，则可以适当引入竞争，交由市场提供或社会提供，建立公私合作的体系，从而实现公共服务的有效供给和公共资源的有效配置。

对公共产品安排者与生产者角色的区分，也是政府购买公共服务的前提之一。萨瓦斯（2002）从物品与服务的基本特征、提供物品和服务的不同机制出发，认为服务提供或安排与服务生产之间有明显区别，服务提供与生产递送是可分离的。文森特·奥斯特罗姆等（2004）等学者同样对公共服务的提供与生产两个概念进行了区分。总的来说，政府充当着安排公共服务的角色，负责确定公共服务的内容与水平，确定服务供给的对象，解决公共服务的资金来源，负责公共服务监督和评估等，而公共服务的生产与递送则可以由市场与社会组织代劳。

两个理论为POSC奠定了理论基础。新公共管理理论是公共管理领域影响力最大的理论，此后的理论都是对其的继承、批判与完善。它为政府的社会管理揭开了新的历史性的一页，将公共服务的生产与递送从政府包揽的模式中解放出来，将市场与社会力量引向一线，为政府购买公共服务的诞生打开了大门。公共产品理论则回答了"什么服务可以外包"的问题，相较于鼓励公共服务供给社会化的理念，它更多是从技术的角度阐述公共服务外包的可行性。通过对不同公共产品与服务性质的区分，它明晰了适合向市场与社会开放的公共产品与服务类型，廓清了公共产品与服务提供和生产之间的边界，确立了政府购买的可行性，并直接建议采用合同外包的方式广泛购买公共服务。

（二）凸显公民参与：现实问题映照下对经典理论的完善与补充

尽管上述经典理论打开了公共服务社会化供给的大门，但在实践中依然显露出许多不足。在新公共管理的理念下，政府与市场的合作被大力倡导，政府在效率、成本有效性和回应性等方面得到了有效提升，但公民在政府购买服务中的角色却是边缘性的，在服务内容与方式的决策过程中都缺乏参与。在这种情况下，公共利益与其说是目标，不如说是政府完成行政任务的副产品（丹哈特等，2002）。而公共产品理论本身就偏向解释"技术性"问题，更是没有涉及使用者角色的问题。于是，在经典理论的指引下，率先将购买服务引入社会服务供给的国家逐渐形成了以购买方与承接方为主导的运作模式。政府的关注点在于效率，在于如何使花出去的钱取得最大效益。指标考核作为简明的检验方式，成为政府在开放市场竞争中选择承接方的主要手段。为了获得合约或续约资格，承接方在服务供给过程中往往具有迎合指标的倾向。在这一行动逻辑下，购买方与承接者事实上都在围绕考核结果打转，公民作为服务的使用者反而被排除在外。

忽视使用者角色的弊端是明显的。政府向社会组织购买服务并不只是涉及两方的事，而是政府、社会组织与公民之间频繁互动的过程，三者之间存在紧密的利害关系，缺一不可。一旦其中的某一主体缺位，系列问题也必然会随之产生。因此，当使用者的角色在购买服务过程中得不到发挥时，社会组织提供的服务内容就很可能偏离使用者的真实需求，购买服务的实际效益也要被打上问号。购买服务若要达到服务民众的目的，三者在这一过程中应是互相平衡的关系，除了政府与社会组织要各司其职，作为使用者的民众也要能有效参与到购买服务的过程中，顺畅表达自身需求，并对服务质量加以监督与反馈。如此，购买服务才是完整的闭环运作，才有可能趋于经济效益与社会效益的统一。

针对经典理论的缺陷与实践中产生的问题，不少学者为公共管理改革提出了新的理念，其中最具影响力的是新公共服务理论与多中心治理理论。

这些新理念大多强调公民在政府购买服务中的作用，指出政府与社会组织"双主体"主导的购买服务模式并不可取。

1. 新公共服务理论

新公共服务理论是在与新公共管理理论的争论中发展起来的，后者强调"市场式政府"及政府的"掌舵"角色，其引入市场机制与社会力量的主张有利于更高效地提供公共服务，但公民作为"船只"所有者的地位却没有得到正视。而前者强调"参与式国家"，它是关于治理体系中公共行政官员角色的一系列思想，主张构建具有完整性和回应性的公共机构，与私营部门和社会组织一同解决当前社会面临的问题，这种治理体系将公民置于中心位置（丹哈特等，2002）。金和斯迪沃斯在《政府是我们的》（1998）一书中指出"政府属于它的公民"，行政官员无论是在公共组织的管理中，在相关政策的执行过程中，抑或是在提供公共服务时，都应该谨记他们是为服务公民而生的。

在新公共服务理论中，公共利益是目标而非副产品。公共行政官员必须致力于公共利益的实现，这就意味着官员的目标不是在个人选择的驱使下找到快速解决问题的方案，而是通过创造共享利益、明确社会成员共同责任的方式来实现公共利益。公共部门管理重点不应放在"驾驶"或"划动"政府这条"船"，而应该提升自己对于公民的回应性。但是，新公共服务理论并不否认效率与理性作为公共服务的核心价值，政府官员在决策和治理过程中的主要任务仍是有效率地实现公共目标，既重视人也重视生产率。

新公共服务理论的另一个重要思想是，公民利益应当是一切政府行动的目标，政府必须回应公民的需求和利益，有效地为公民提供充足、优质的公共服务。因此，政府不应牢牢抓住公共资源及相关服务项目不放，现代政府应当联合非营利组织和民间机构，共同解决社区中存在的问题。政府官员不仅扮演服务供给者的角色，他们将越来越多地扮演调解、协调甚至裁判的角色，促进公共问题的解决。如果政府能在尊重所有人的基础上通过合作和共同领导来运作公共服务，公共目标就更有可能获得成功。

2. 多中心治理理论

与新公共服务理论类似，多中心治理理论同样重视公民的作用，强调以实现公民利益最大化和公民多样化的需求为目标，但其更多强调的是政府、市场与公民作为一个整体，三者均衡发力的重要性。

根据全球治理委员会的定义，治理不是一整套规则，而是一个过程；它的基础不是控制，而是协调；不是正式的制度，而是持续的互动（俞可平，1999）。传统的治理方式可以看作一元化的单中心秩序。在单中心治理中，下级存在投上级所好而扭曲信息的倾向，最终导致绩效与期望出现差距。而多中心治理理论从治理有效性的角度出发，强调决策中心下移，允许多个权力中心或服务中心对公共事务的共同参与。多中心治理理论认为市场、政府以及公民这三者之间应建立起多中心的合作互补关系，推动公共服务的有效供给；多方围绕公共事务进行筹划，通过合作、协商、谈判，而不是简单的行政规划和命令来解决问题，从而形成一个多元互动的管理过程，推动政府形成有限、责任、法治、服务政府的观念（王志刚，2009）。

在多中心治理的视角下，政府购买服务是实现政府与社会合作互补的有效途径之一。它注重竞争与合作的结合，认为从政府到公民个体，包括各类社会团体、企业等都可以提供社会公共产品和服务，参与公共事务的治理和绩效评价，从而刺激市场竞争，使政府在公共服务提供中不再处于垄断地位，使公共资源得到合理有效的运用，满足社会发展和公民需求。此外，多中心治理也强调赋予公民更加自由、广泛的选择权，由此，社会组织才能充分发挥其专业性，更好地吸纳公民意见，把握公民需求，从而形成良好的互动关系，将更多优质公共服务带给公民。

相对于经典理论，这些后续理论指出了公民参与是提升政府购买服务水平的关键所在，将公民从边缘位置拉回到了购买服务的中心地位上来。也就是说，只有充分调查公民需求，为其开拓有效的意见表达渠道，政府购买社会服务才可能真正步入正轨，达到公民利益最大化的目标。

三　我国政府向社会组织购买公共服务的模式

目前我国政府向社会组织购买公共服务的模式可以从购买方与承接方的关系，以及购买内容两个角度来进行划分。第一种划分方式下可以分为依赖关系非竞争性购买模式、独立关系竞争性购买模式与独立关系非竞争性购买模式；第二种划分方式下可分为综合购买与专项购买。

（一）从购买方与承接方的关系的角度

在这个角度之下，POSC可以进一步依据两个维度划分：从社会组织与政府之间的关系维度来说，当承接某项公共服务的社会组织独立于政府而存在时，属于独立性服务购买，反之则为依赖性服务购买；从购买方式的竞争性维度来看又可以划分为竞争性购买与非竞争性购买。综合来看便形成了依赖关系竞争性购买、依赖关系非竞争性购买、独立关系非竞争性购买、独立关系竞争性购买四种工作模式（王名、乐园，2008）。在中国的实践中，较常见到的是后三种模式，在本书中我们暂且不讨论依赖关系竞争性购买的方式。

1. 依赖关系非竞争性购买模式

当购买方与承接方相互依赖且不通过竞争购买时，这种模式即为依赖关系非竞争性购买，即政府将某些社会服务定向委托给相关的社会组织，承接服务的社会组织通常是因为得到政府的购买任务而建立的，与政府部门保持依赖关系。在市场上缺乏合资质的服务承接者时，这一方法能解决POSC中"买不到"的问题。这一模式的特点如下。

第一，社会组织与政府部门是"上下级"关系，社会组织因政府需要而产生，完全服务于政府意志，缺少自己的组织目标。第二，政府与组织创办者有千丝万缕的关系，购买程序没有体现竞争、公平等原则。第三，缺乏有效的评估机制，政府采用的依然是传统意义上的直接管理，而非契约化的间接管理，难以有效监察服务质量。第四，购买服务没有起到风险分担作用，承接方只是被动执行政府命令，所有可能的不利后果依然由政府承担。

2. 独立关系非竞争性购买模式

不同于第一种工作模式，独立关系非竞争性购买中的社会组织往往是独立于政府而存在的，并非是由政府部门为了购买服务的专门事项而成立的，并不需要依附政府，它们通常在政府外还有其他合作伙伴。而政府在筛选社会组织时通常倾向于通过非竞争的方式，选择一些口碑、信誉良好的社会组织，最大限度地减少风险。这种模式具备几个明显的特点。

第一，提供服务的社会组织是业已存在的民间组织，因为购买项目而与政府建立起合作关系，并不依赖于政府的购买资金生存。第二，两者的合作是建立在相互协商的基础上的，没有公开的竞争过程。如果承接方无法提供令人满意的服务，政府可以更换购买的对象。也就是说，存在潜在的竞争市场，这些民间组织并非不可替代，不具有垄断性。第三，管理专业化、高效率和口碑较好的民间组织往往成为政府优先考虑的对象，它们提供的公共服务也使该模式在某种意义上更加接近政府购买服务的初衷。第四，政府与社会组织之间有着较为明确的责任界限，具有独立性的社会组织能够为公共服务承担独立责任，政府只充当监管的角色，因此双方在权责上有一定程度的明晰。

3. 独立关系竞争性购买模式

当服务承接者与购买者之间没有任何人事、组织资源之间的互动，两者相互独立，而购买又采取竞争性方式时，即为独立关系竞争性购买模式。政府往往会使用公开招标的方式来筛选合适的社会机构，这个过程有公开竞争性。这种方式可以帮助购买者挑选出最合适的服务承接者，以达到成本的最小化、利益与专业性的最大化。此种模式具备以下几个特点。

第一，承接者与购买者是两个完全独立的主体，两者间没有资源上的重合或者依赖。购买程序属于公开竞争，通过招投标等方式，民间组织自愿参与，政府部门综合考量社会组织的资质以及投入成本等因素后选择合适的社会组织承担相关服务。第二，承接者与购买者之间会签署协议，明确各自的责任与共同责任，一切按合约行事。第三，不同的社会组织有不同的特点和擅长的领域，拥有的资源与管理经验也不尽相同，因此这些组织往往能根据自身特点来为社会提供优质的公共服务。第四，每个组织都有自己的发展目标，它们可以通过提供其他额外的社会服务来拓展自身业务范围、提升社会影响力，这一特点激励着社会组织竭尽所能提供更多更好的服务。第五，除了政府部门提供的购买经费外，一些实力较强的组织还可能根据实际需要投入相关经费，从而跨越纯粹的"委托"关系，建立起与政府部门的"合作"关系。

但从中国目前的实际情况来看，完全的独立关系竞争性购买还是比较少的（王浦劬、萨拉蒙，2010），大部分实践介于独立关系非竞争性购买与独立关系竞争性购买之间，这意味着，一些大的社会组织往往能聚集更多的政府资源，与政府之间有较为密切的关系，而使其与政府的协商能力增强，它们在招投标中确实容易得到较高的评价。

（二）从购买内容的角度

根据购买内容的不同，POSC 可以分为综合购买与专项购买两种模式。综合购买一般由市政府针对某一项公共服务在社会上发起公开招标活动，由社会组织通过竞投取得承接服务的资格，使用的是市财政的专门资金。这种模式覆盖的服务群体较广，通常以家庭为中心，围绕家庭中不同成员的需求，深入了解其所处的环境，根据他们的不同特点进行针对性的服务，会涵盖家庭、青少年、老人、妇女等领域。综合服务中需要的专业人员也较多。专项购买一般只涉及某一领域或某类特定的任务，其目标对象也往往是某个特定的人群，规模和资金量相对较小，一般只需几个专业人员。通常情况下，事业单位或是各层级政府机构是主要的购买者，如相关行政部门、疾控中心、工青妇等群团组织、各类基金会、社工委等，按相关购买程序开展。

综合购买与专项购买都是政府向社会组织购买服务项目的方式，但在功能、形式、性质上各有特点。两者既有购买程序、服务开展、评估验收等中观层面上的不同，亦有人员构成、工作性质与人员能力要求等微观层面上之差异。丁瑜等综合了广州市的家庭综合服务中心（以下简称家综）与专项服务的特征，从 15 个细项、3 个层面上对两者的差异进行了具体的阐述，根据近两年的政策与实践更新，归纳如表 1-1 所示（2017）。

表 1-1　综合购买与专项购买的比较

		综合购买	专项购买
中观层面	招标部门	主要由市政府管控	除了各级民政部门、疾控、工青妇之外，还可以是慈善组织、各类基金会等
	资金来源	主要由市财政拨款，来源较为单一	渠道多种多样
	资金数量	较为恒定的数额，一般为 200～240 万元/家综/每年①	不固定，从几万元到 500 多万元的情况都有
	竞标单位	一般是由街道办事处作为主管部门成立的民办非企业单位，也可能是一些独立社工机构	除了独立社工机构之外，还可能是社会组织、一些公益慈善团体或是 NGO 等
	服务群体	主要以家庭为单位，除指定服务内容外，每个家综根据自身条件选择 2 个领域进行服务，如残障人士、志愿者、外来务工人员等，从 2018 年始广州推行"113X"②的新模式，有些家综也开始使用	覆盖面较广，涉及如残障人士、艾滋病患者、精神病康复者、特殊就业者、妇女儿童弱势群体、农民工、农村人口、戒毒患者等人群，为许多无法从综合服务中得到帮助的群体提供服务
	服务领域	主要以家庭为组织单位，辐射到老人、青少年、妇女儿童等	妇女儿童、残障、公卫疾控、医疗、精神健康、社区矫正、企业、农村、司法、特殊就业等
	评估验收方	主要由第三方进行统一验收	并不局限于第三方验收，购买者自身也可验收，没有统一的规定
	评估关系	较为正式，层级制度明显	较为自由，呈现扁平化的特点
	评估反馈	反馈信息间接，反馈情况低效，尤其是到一线社工的层面	直接、高效地反馈评估信息，且可商量的余地大，自由度高

---

① 从 2011 年至 2018 年，每个家综的年度经费为 200 万元，从 2018 年 6 月下旬开始增至 240 万元/年。

② "113X"意为，"1"个核心项目，即强化党建引领社会工作服务；"1"个重点项目，即突出群众最迫切、最需要、最直接的社会工作服务；"3"个基础项目，即从最初家综建立时强调的家庭、老人、青少年社会工作服务；"X"个特色项目，即发掘本土化特色，探索拓展多领域的社会工作服务。

续表

		综合购买	专项购买
微观层面	人员数量	20人	没有明确规定，二三人即可组织起来
	人员构成	对专业的要求限制较多，10人必定要为社工专业或持证社工，2个岗位可以为其他专业，这12人规定为社工岗	没有明确规定
	人员能力要求	从理想角度出发，人员应当深入了解"综合""家庭"等概念，熟知并灵活运用三大手法，有社区工作、整合方法的意识；但现实中往往会因为理解偏差使结果不尽如人意	要求较高，但实际情况中并未完全遵循这个要求 在人员上倾向于少而精，用专业性较高、富有创造力、执行力强的人才取代庞杂的队伍
	沟通方式	有着较为清晰的层级制度	层级制并不明显，主要呈现扁平化特点，较为自由
综合	功能与形式	虽是专业社工项目，但逐渐与党建、社群工作融合	专业化倾向较为明显，作为综合服务的补充而存在，但变动较大
	性质	横向	纵深

从政府购买的相关公共服务情况来看，无论是发展现状还是推行力度，专项服务都远远落后于综合服务，其规章制度、运行模式、人员安排等方面都是在综合服务的基础上建立起来的，但通常取决于购买方与承接方的实际工作需求，没有规章可循，可以说专项服务暂时无法离开综合服务而单独存在。

相对于国外的政府购买服务，中国在制度演变、购买方式与工作模式上都有其独特性。作为公共管理改革的后发国家，中国的政府购买服务还处于比较初步的阶段。尽管新公共服务、多中心治理等理念都强调公民与各种社会或私人机构的参与，从而实现公民利益最大化，满足公民多样化的需求，但在我国，不论是在政策还是实践中都对公共服务的多元化，包括不同的购买方式，承接机构的多样性，服务内容的多元性，服务手法的整合性、创新性，灵活的评估方式等，以及公民的重要性关注不足，学术研究也未能从三元主体中的使用者主体角度展开深入阐述，关注的主要还是政府与社会组织的关系。本书认为，我国政府向社会组织购买服务下一步的发展方向应是：将公民吸纳进政府购买服务的过程，使作为公共服务使用者的公民能够向政府传达自己对公共事务的需求，合理表达自己对公共事务的看法与评价，根据自己的需求投入相关问题的治理中，从而实现公民利益最大化和公民多样化的需求。

那么不同国家和地区在 POSC 方面有何尝试与经验可供借鉴？它们在这类问题上是如何解决的？有什么思考？下一章中我们将分别介绍中国香港、美国和英国的不同制度设计与实践，让读者可以了解不同的福利理念、社会背景下会产生什么不同的运作方式，从而更好地理解中国的现实状况与未来可能的发展方向。

第二章　来自中国香港、美国和英国的经验

第一节　中国香港

一　公共服务供给制度建设

早在 20 世纪 70 年代，我国香港地区就开始将部分公共服务职能转移给社会组织，建立起"官管民营"的方式，由政府负责规划、提供经费、进行监督，并负责提供社会保障和紧急救援服务，由社会组织承担大部分社会公共服务。在总额资助背景下，所有的开支都能依据政府给出的开支清单实报实销，是一种政府全包的"大锅饭"制度（梁祖彬，2009）。在这一制度下，社会组织有稳定的财政支持，政府制定严格的专业资格要求、人员编制等规章，促进了公共服务专业化和社会工作的发展。但这一制度的弊端也是显而易见的。政府需要对社会组织进行严格的投入控制（input control），实时管控机构聘任社工的具体数量、资质及薪酬条件，以保障政府的资助能够最大限度地运用于公共服务中，政府部门需要为此付出很高的监察成本。由于社会组织不能保留服务中节省下来的款项，它们往往缺乏开源节流的动力，政府兜底的制度令善用资源与降低成本的意愿大大削减。过于复杂的行政规定也限制了社会组织自由调配资源的能力，制约了机构的灵活性和自主性，使服务趋于僵化，未能紧贴社会不断变化的需要（温卓毅，2011）。

香港在 20 世纪 90 年代中后期经济增速下滑，基建与社会福利的开支令其财政一度出现赤字，彼时的社会福利与服务转换成一种"物有所值"与满足社区真正需要的思路，而不是像原来那样只是"一味向社会福利部门

注入更多的公帑"（Chan，2000）。2000 年，香港社会福利署发表了《社会福利津贴制度检讨》，取消了原来对非政府组织实报实销的资助方式，改成"整笔拨款资助制度"。根据 2008 年《整笔拨款津助制度检讨报告》，在该模式下，政府购买服务由竞争性投标、整笔拨款制度与服务表现监察系统三部分组成，分别对应了向谁购买服务、如何支付服务和如何确保服务质量的问题。

（一）向谁购买服务：竞争性投标

新开办的受资助服务采用竞争性投标（competitive bidding）方式确定服务营办者（Coopers & Lybrand，1995），社会福利署在安老服务中设置"合约管理组"，负责"推行以竞争性投标方式分配福利服务单位的长远策略，达到提供最物有所值的服务的目的"①。政府根据情况制定招标计划，社会组织与私营机构都可以参与竞投，在中央投标委员会批准之后，双方签订服务合约。服务完成后，政府以服务量与服务质量等一系列指标作为评判标准，对服务承接方的工作成果进行评价，并按照合同约定的金额向其付款。

香港政府在 1999 年的财政预算案中提出，首先在"长者家务助理"与"送饭"两项服务中进行竞争性投标的试点，在优化资源调配与提高成本效益方面取得了显著成效。2001 年开始推行社区照顾服务，由政府制定一个服务的固定价格，鼓励相关的社会组织参与到竞投中，依据这个定价承担相关服务，这也是一次效果较为满意的尝试。在之后的回顾中，社会福利署称："机构不但踊跃参与每一次的服务竞投，而成功投得服务合约的经营者所承诺提供的服务名额，亦比我们原先所定的目标多，同时又能够保持服务的质素。"②（香港社会福利署，2010）之后这一方式被主要应用于配备住宿服务的老人照顾和精神康复领域，在其他领域里依然是用社会福利署向社会组织发布征求意见书或意向书的方式来确定新的服务承接者（温卓毅，2011）。

（二）如何支付服务：整笔拨款制度

整笔拨款津贴制度是《整笔拨款津助制度检讨报告》建议采用的"固

---

① 香港特别行政区社会工作者注册局：《社会工作者注册条例》，https://www.elegislation.gov.hk/hk/cap505! en-zh-Hant-HK? INDEX_ CS=N，最后访问日期：2019 年 4 月 11 日。

② 香港特别行政区社会福利署：《社会福利署年报：回顾 2009-10 & 2011-11》，http://www.swd.gov.hk/tc/index/site_ pubpress/page_ swdarep/。

定资助模式"，于 2001 年 1 月起正式实施。该制度的目的在于提高社会组织的效率、创造弹性空间与加强问责。新制度的实施改变了社会组织的资助安排与管理方式，政府根据固定的计算公式确定受助机构的年度资助额，并采用一次性付款或发放经常性拨款的方式支付。在实际中，社会组织由于员工数量、薪酬条件、其他需要投入的项目等会影响到在某个公共服务项目上的投入，政府对这一方面不再进行严格把控，而转为监督其最终的服务产出（output）与服务效果（outcome）。这样做的优点是让社会组织有了更大的自主权，可以依据实际情况和社会需要来自由配置资源，进行灵活调整，具有了较大的发挥空间，比较符合实际操作的情况。

但该措施实施以后，逐渐地也受到了很多专业人士的批评，尽管在确定金额时会考虑各项服务与个别机构的特性，并根据不同性质服务所需人手分配各机构的员工薪酬，但这种拨款一笔过的形式使每年资助额有封顶限制，社会组织又会失去牢固的资金保障，可能使之在人员配置上采取紧缩策略，从而造成社会组织人手短缺、压力沉重的问题。因此，尽管这种资助方式的灵活性得到普遍认可，但也被质疑是政府变相控制与削减社会福利开支的手段（温卓毅，2011）。

（三）如何确保服务质量：服务表现监察系统

香港社会福利署于 1997 年 10 月建立"服务表现监察系统"（Service Performance Monitoring System），旨在加强政府对社会组织所提供服务的质量控制。该监察系统包括 19 条服务质量标准（SQSS）、津贴及服务协议及服务项目评估方法。该系统对应的《服务表现监察制度》指出，社会福利署的相关部门会深入服务场所进行实地考察和监督，包括开展服务统计、实地评估、突击检查、投诉审查、走访服务对象等，以获取相关信息。服务提供者需要提供一份完整的自我评估报告，应包含服务规定、服务标准、服务项目数量、评判服务成效的基本标准等内容。机构每年进行一次自我评估，每三年接受一次外部评估，评估的方式主要有从业者访谈、使用者访谈、文件审阅、实地考察等几部分，促使社会组织自觉接受公众检查，不断自我激励、监督。

到目前，香港政府已经建立起了完善的购买服务与监察体系，制定的相关文件包括购买服务流程方面的《受资助非政府组织福利机构的采购程序》《服务文件》《受资助非政府福利机构的存货管理》《非政府机构工程合约的批出和管理》《受资助非政府福利机构的人事管理》《津贴及服务协议》，以及监督方面的《服务表现监察制度》《非政府福利机构纪律守则样本》《防止慈善团体被利用作恐怖分子融资活动指引》等。这些文件对采购过程、具体的服务内容、须遵守的服务原则、人事调动与管理、监督办法、服务评价手段等问题作出了明确的界定与阐述（隗苗苗，2016）。

二 社会工作服务专业性的培育

在香港，社会工作者是社会组织运行的支撑力量，许多社会工作内容，如养老、病人康复、家庭和儿童福利、青少年引导、解决社区相关问题、医疗援助、犯罪预防等都是由社会工作者来完成的。根据香港社会工作者注册局的统计数据，截至 2019 年 7 月 8 日，香港总注册社工人数达到 23314 人，其中在非政府组织工作的社工人数为 13610 人，占总人数的 58.3%。[①]

在香港，要想成为一名社会工作者，必须经历严格的注册程序。依据 1997 年 6 月 6 日生效的《社会工作者注册条例》，香港于 1998 年 1 月 18 日成立香港特别行政区社会工作者注册局（以下简称注册局）。在香港，个人不可随意自称为社会工作者，所有社会工作岗位只有注册社会工作者才可以入职。注册资格从三个方面作出规定，第一是通过资历考核，即申请人要持有获注册局认可的社会工作学位或文凭或获得注册局信纳，具体包括在 1982 年 3 月 31 日或该日之前已担任任何社会工作职位及在该日期之后已担任一个或多于一个的社会工作职位至少 10 年，不论是否连续担任该职位或该等职位。第二是无犯罪记录。注册局可以拒绝曾在香港或其他地方被裁定犯任何可令社会工作者的专业声誉受损或可判处监禁（不论该人士是否被判处了监禁）人士的注册申请。第三是要通常居于香港。注册流程包括两大部分。一是申请注册，符合资格的人士要先向注册主任提出书面申

---

① 香港特别行政区社会工作者注册局：《注册社工统计数字》，https://www.swrb.org.hk/tc/statistic_ rsw.asp，最后访问日期：2019 年 7 月 8 日。

请，再由注册局告知申请结果，比如接纳或拒绝注册，而对于拒绝注册的当局会给出具体理由。二是注册期满及续期，也必须向注册主任提出书面申请，申请时间也有严格规定，应在不早于现有注册期满日期前3个月、不迟于该日期前28天的时间提出；注册期满而又未申请延期注册的社会工作者需要重新申请注册。[①] 为了确保社会工作者更好地履行工作职责，注册局还成立了专门的纪律委员会，通过获取证据及处理投诉事件，确保服务对象的权益。

香港社会工作者的组织管理与薪酬福利体系是比较完善的。专业社会工作者有自己的一套职级体系，这一点和教育行业、行政行业或其他行业的专业工作人员高度相似。当前，该职级体系由助理职级与更高一层的主任职级组成。助理职级下设三个等级，依次往上是社会工作助理、高级社会工作助理、总社会工作助理；主任职级则包含五个等级，依次往上是助理社会工作主任、社会工作主任、高级社会工作主任、总社会工作主任、首席社会工作主任。和其他专业技术人员一样，不同职级的社会工作者拥有不同的权责，并享受不同标准的薪酬待遇。社工不仅享有香港政府资助的酬劳，还可以参照公务员薪资待遇的变化获得额外的补贴。

社工的专业能力培训也备受重视。早在1972年，香港就提出要推动社会工作朝着专业化方向发展，规定所有从事社会公共服务的社会工作者都必须接受社会工作专业训练。为保障社工的专业性，香港特别设立了社会工作训练基金，为社工接受短期课程训练、参与各种研讨会和交流活动提供机会。通过这些措施，香港社工队伍保持了稳定性和专业性。社会组织在专业人员的监督指导下，在服务覆盖面、服务深度和服务效率方面都具有了很多优势（彭华民、万国威，2013）。

香港在公共服务上一直致力于构建完善的制度体系，关注社会工作者的专业性和稳定性，才能发展优质的公共服务质量。这里我们能受到的启发在于以下两点。

第一，完善制度设计，是社会工作专业化发展的重中之重。在制度设

---

① 香港特别行政区社会工作者注册局：《社会工作者注册条例》，https：//www.swrb.org.hk/tc/Content.asp？Uid=81。

计上，健全的规章制度贯穿购买服务始终，从最开始招投标计划的提出与设计、相关信息的发布、投标的每个细节，到服务质量标准制定、服务成果的监管，都有着详尽完备的规范。政府、社会组织以及相关社会企业都需要按照标准流程走，没有议价空间，这样严格的规则堵死了人情关系运作的可能性，减少了外界因素的不可控影响，将公平、公正、透明的原则发挥最大化，利于激励机构之间的正当竞争，从而提升公共服务质量。

相较于之前的拨款制度，现阶段实行的整笔拨款制度更具有灵活性，为机构提供了"严丝合缝"的规范之中的"自由量度"空间。财政方面的严格监管为的是钱能"用得其所"，不会被浪费在不应该的地方，尤其不会走进滥用、乱用、私用的死胡同中。但过于死板的财务制度会制约组织发展，影响服务的提供，比如批准手续繁琐，一些无法预计的临时开销会难以执行，对人员开支的规定不随时间与情况发展变化，会限制社会组织的人才培育等。即便是整笔拨款，也有值得商榷之处，比如是否按年增长，不同规模的机构是否采用统一标准等。广州现行的POSC资助制度介于整笔拨款与总额资助之间，既限定每年的拨款总额，又对资金的使用，比如每部分的使用比例，机构人员资质、构成与薪酬，机构对资金的留存，其他外部资金的使用与比例等，都有严格规定，机构的自主性很小，在实践中产生了不少问题。因此，如何达成严格监管与自由裁量之间的平衡，是一个很重要的问题。

第二，专业社工的专业化、职业化以及广义上的社会工作者的专业培训是保证社会服务质量的根本。香港政府尤其注重对社会工作者的培育，与各大高校合作，在教育、职业培训上花费了大量资金，培育出在综合素质、专业程度上都极具实力的社会工作者，构建出了完善的、切实可行的制度体系。合理的职级体系与薪酬制度能够对社会工作者形成激励，而政府组织的社工培训使社工人力资本实现增值，促进了社会工作专业性的提升，优化了服务质量。社会福利与服务的各领域以及一些专业领域如医疗、司法、金融等都与社会工作建立了稳定的专业关系，很多专业程序中都有社工的介入，社会工作的专业性及社会工作者的专业身份得到了社会的充分认可，自我认同也较高，形成了良性循环。

第二节　美国

美国是世界上实行政府采购制度较早的国家之一，早在 1783 年美国独立后就开始了政府采购。但那时采用的是自由采购的方式，并没有严格的法律规管。在逐年的实践中，慢慢加入了一次采购必须有数位投标者、需有公开开标与签约程序等各种规则。到 20 世纪 40 年代，政府采购已经开展了逾 160 年，美国政府一直沿用各政府机关分开采购、由专人全局负责的方式，依然没有统一的标准。作为一个大国，这样的采购方式弊端显见，比如采购效率低下、价格高于市场、采购人员从中牟利、重复采购等。此时，制定一个统一的采购规范的重要性便凸显出来。1949年，美国政府开始采用集中采购、集中管理的方式，该年，国会通过了《联邦财产与行政服务法案》，对购买政策、采购方式与手段进行了统一规定，确定了政府集中采购的体制，成为后来美国政府购买公共服务主要遵循的法规。

一　政府购买服务的制度规范

（一）完备的法律体系

美国的政府采购进行了 200 多年，有了相当成熟的理论与实践经验，其采购法历经不断的修改和完善，已经发展成为世界上最完整的政府采购法律体系之一。与政府采购相关的事务与内容，从基本制度、价值目标，到具体程序、各方关系、冲突与纠纷解决等各方面，都有相应的法规文件。作为一个联邦制国家，不仅联邦政府制定相关法律法规，各州政府也有立法，因此与政府采购相关的法律规范林林总总，不下几千部。联邦政府的法律一般不适用于地方，但各州政府的立法不能超越联邦政府有关的法律精神，因此，为了统一和方便操作，联邦政府将各地、各条、各类分散于众多法律之中的有关政府采购的内容加以综合和细化，形成了《联邦采购条例》（Federal Acquisition Regulation，简称 FAR)①，阐述与规范了政府采购的具体政策、采购标准、采购方法、采购过程和程序等（张晓杰，2007）。除了联邦航空管理局和美国造币局等少数几家联邦机构外，所有联邦、州及地方政府采购皆需遵循 FAR 的统一规定，合同必须遵循其总体框架与精神，但州及地方政府在采购的细节方面可以有自己的程序。联邦政府机构经联邦政府采购政策管理办公室（Office of Federal Procurement Policy，简称 OFPP）批准亦可制定及细化本部门的采购规则，对 FAR 进行补充。对 FAR 的修改则要通过采购方面的专家组成委员会来讨论，提交总统行政办公厅内设的联邦行政管理和预算局进行修订，再接受公众评议。

美国还有一系列不同的法案保障政府采购中的各方利益，比如《合同竞争法》规管政府的公平竞争、公开采购行为；《信息自由法》规管政府对信息的公开处理；《小企业法》平衡不同类型机构，尤其是社会弱势群体和小型企业的权利；《诚实谈判法》规管投标方的竞投行为；还有规管政府与服务承接者之间关系的法案，比如《反回扣法令》和《贪污受贿、渎职和利益冲突法令》等，在保护服务承接者的利益方面尤其注重。

总的来看，美国政府购买服务的法规体系不仅对政府购买服务的目标、购买者与使用者的关系、以何种形式组织购买者等问题作出了明确的阐述，同时还定义、规范了双方的合同形式、购买服务目录、购买具体步骤、不同购买形式的特征与要点等，为政府有关部门和市场主体提供了共同遵守的准则，促使政府购买服务在法律规范的框架内运行。

（二）集中与分散相结合的采购模式

美国于 1974 年于行政管理与预算办公室（Office of Management and Budget，简称 OMB）下设置了联邦政府采购政策管理办公室（OFPP），专门负责联邦政府采购的政策制定，为政府采购政策、法规和程序提供总体方向，促进采购过程中的效率、经济性和有效性，监督和促进政府采购的合法性，在制定联邦机构用于获得履行其职责所需的货物和服务的政策和

---

① 《美国政府采购制度》，中国政府采购网：http://www.ccgp.gov.cn/wiki/zcwj/201407/t20140701_4618910.htm，最后访问日期：2019 年 11 月 8 日。

办法方面发挥着核心作用。① FAR 就是 OFPP 联合国防部、航空航天管理局和直属于白宫的联邦服务总署（General Services Administration，简称 GSA）制定的。

各行政机关的采购活动都需要参考 OFPP 发布的具体规章制度，它属于一种总体指导的性质，并不执行或监督具体采购活动。OFPP 的具体职责包括：制定符合本国国情的政府购买服务相关法律法规，使购买程序向着不断规范完善的方向发展；从全局上对各部门的采购活动进行政策层面的规定与建议；对已有的法律文件中存在的问题提出修改意见，组织专门人员，对各部门提交的关于现有规章制度的补充提议进行审核并在国会立法时及时将这些信息传达给国会（吴正合，2006），所有相关修改建议都需要在 OFPP 主任批复、所有联邦采购条例理事会的相关成员签署之后才能发布（周波，2018）。可以说，OFPP 的存在落实了美国政府购买服务的整体规则，是制度体系形成的重要环节。

执行采购活动的是联邦服务总署（GSA）与各联邦机构。前者主要处理联邦政府的采购需求，它合并了各部门的采购工作，也负责提供采购的合同范本；但采购任务也并不是强制性要求要在 GSA 完成，各政府部门自己也可以进行本部门的采购，由一名专门的合同官负责。

合同官制度是美国政府采购的一大特色。合同官是实际经办采购进程的专业人士，所有的法律法规、制度原则最终都是通过合同官的采购运作得到贯彻和实行的，他们负责采购事务的全过程，因此他们可谓美国政府采购最小却最重要的单元，是采购品质的保证。合同官必须有资质，要得到认证，也分不同的等级，等级越高，能签署的合同金额就越大。他们需要经过专门的培训，培训内容和标准由 OFPP 制定。他们必须有政府采购道德准则，国际市场、国内市场运作，采购法，经济原理，国家与国际采购惯例与法律，商业运作，国家政策等多方面的专业知识，业务素质高，责任大。

---

① The Office of Federal Procurement Policy, Office of Management and Budget, https://www.whitehouse.gov/omb/management/office-federal-procurement-policy/.

美国现在的政府采购是集中与分散相结合的方式，通过采购信息系统发布所有政府采购信息。集中采购就是由 GSA 进行的。GSA 成立的初衷是减轻各政府部门的采购负担，因为采购只是一个行政职能部门的次要任务，因此集中由一个独立的部门完成可以使其他部门集中精力专攻其职能范围内的事务。但随着市场的开放与多元化，市场更能满足一些采购需求，因此各部门也可以自行采购，以更快捷地回应各自的需求，同时获取更好的价格与服务。分散采购中，小部门可以委托大部门采购，各部门也可以委托 GSA 采购，但需缴纳一定的服务费，这些费用主要用来支付 GSA 办公人员的工资和行政开支，因此 GSA 为了争取代理业务，会非常注重自己的服务。① 各州州政府也类似联邦政府设立了州的集中采购部门，大学、交通部门和其他小部门属于分散采购的范畴；再下到地方层面也是一样的分法，比如市县一级可以参与州的集中采购，也可以由各部门自行采购；大学里也按金额大小进行集中或分散采购。

（三）规范的购买与管理程序

美国的采购大致可以分为招标法和谈判法两类。前者就是密封报价，应用在购买方能明确、清晰表达出购买需求的情况，政府发出采购信息，潜在的供应商进行应标，最终能满足所有条件且报价最低者中标。若是中标的不是报价最低的机构，负责的合同官必须充分说明其选择的理由，并报上一级合同官审批，而未中标者亦可申诉。后者和一般的商务采购基本一致，不同的只是采购方是政府部门，它们会与多个提供服务的企业或机构进行细致的谈判，分别了解各自的能力与运营情况，最终确定一个服务提供者。由于谈判法适用于很多购买方尚未明确购买细则或评估标准的情况，在谈判中能灵活处理，使用成本较低，质量也有保证，因此是目前的主流方式。

在用谈判采购方式购买社会服务时，具体的操作环节如下。第一步，政府相关部门或是第三方组织开展对民众需求的调查评估活动，在这个过

① 《美国政府采购制度》，中国政府采购网：http://www.ccgp. gov. cn/wiki/zcwj/201407/t20140701_ 4618910. htm，最后访问日期：2019 年 11 月 8 日。

程中，政府始终处于主导地位，它会组织专门的需求分析会并邀请相关的社会组织参加。第二步，在得出需求评估结果并充分了解需求后，合同官会对大于 2.5 万美元的购买进行网上公示，根据发布的招标信息，社会组织依据相关要求参与竞标活动，提出自己的解决方案。第三步，政府会进行第一轮的专家打分，从两个方面对社会组织制定的服务计划进行严格审查，首先审核社会组织的基本资质（minimum qualification），筛选掉不合要求的组织，然后组织外聘专家成立专门的评审小组（review panel），对提交的服务计划进行审核。第四步，合同官根据评审结果制定进一步的评判标准，与参评机构协商、沟通，提出修整意见，机构可以采纳这些意见，也可以坚持自己的计划，这样的磋商给了双方机会互相澄清需求与想法，有利于明确服务目标。在此基础上，机构可以网上标书，重新提交。第五步，专家进行第二轮的打分，对各竞标者进行评价，选出承接者，同时必须开会向所有未成功的竞标人解释结果产生的过程，投标人如有异议可以提出抗议。第六步，在充分了解服务内容及目标，双方明确各自的权利义务之后，签订合作协议，建立合作伙伴关系。签订协议并不意味着购买结束，政府在服务提供的过程中会通过第三方评估的方式，随时对服务的过程和结果进行综合评估，掌握有关服务传输过程、效果和质量方面的动态信息，并根据评估结果决定是否终结或继续服务合同（吴帆等，2016）。

可见，谈判法与密封投标的最大不同是，它的最终目标是实现"物有所值"，而不是最低价格。

从明确社会服务需求开始到最终评估服务效果，每个环节都有严格的制度规范加以约束，确保政府购买服务行为的规范，建立起了成熟的购买服务体系。尽管规范的程序不必然带来优质高效的服务，但它提供了坚固的制度性保证，是防范与规避风险的有效方式。同时，规范透明的采购程序与方式也有利于承接者之间的公平竞争，节省信息成本的同时，降低了监督成本。

美国在政府购买服务过程中实施严格的预算管理，以此确保财政资金使用的有效性。行政管理与预算办公室（OMB）负责联邦政府各部门的预算管理。依照相关配置标准核算、确定好每个部门需要的资金后，OMB 会根据预算报告编订预算草案，由国会批准后进入执行阶段。在美国，政府所有部门需要的行政经费及其购买社会公共服务的预备开支都要纳入预算。没有纳入预算的服务项目不允许购买，不允许超预算购买服务，也不允许挪用预算资金。

美国审计总署（Government Accountability Office，简称 GAO）负责监管政府预算支出，对政府采购加以监督，保障预算计划能够按规定进行。它会对政府的采购计划提出建议或进行评估，还可对政府购买项目实施审计（吴正合，2006）。GAO 是受理供应商投诉的权威部门，它与采购部门没有行政隶属关系，因此有很强的独立性，有权获取所有的政府采购文件，并出具有很高效力的决定书。除此，合同争议委员会是另一个处理合同纠纷的机构。

二 充分竞争、保护各方的思路

在制度的不断创新与完善下，美国的政府购买服务通过立法，利用合理的商业竞争规则及财政等手段，成功建立起了公开、公平、公正的竞争机制。《合同竞争法案》（Competition in Contracting Act）就明确提出，充分竞争是美国政府采购制度的基石。

美国政府向社会组织购买服务属于完全的商业化运作，秉持的是以最低的价格得到最优服务的"最优价值"原则，充分竞争是实现这个原则的最佳途径。政府和承接者是地位平等的市场主体，两者在政府采购过程中界限分明，双方完全是一种商业关系，行为都以公众利益为基准。在实践中其遵循的主要原则是，以最低的成本、最短的时间、最广泛的竞争，换取最高的质量，降低采购风险，实现社会经济政策，维护政府信誉。从此，可以看出几个基本概念，即高效、竞争、物有所值、公平公正。一方面，政府能够在充分的市场竞争中选择最优的社会组织承接公共服务，促进公共资源的效益最大化；另一方面，社会组织的利益也得到了很好的保障，它们不是"受雇于"政府或听政府"指挥"、为政府"干活"的受雇者，不必担心政府方面的"压榨"行为带来的风险。

而政府对公众利益更是遵循最大化保护的原则。政府采购花的是纳税人的钱，政府要对公众有所交代，即这些花销是否合理、经济、恰当，因而政府采购签署的合同突破了一般民事合同的性质，作为民众代表的政府被赋予了特殊的权力，可为了公众利益修改合同。① 合同的变更可以是单边，比如由授权的合同官代表政府单方面对合同进行修改，也可以是双边，即政府与承接者商榷后对合同进行变更；政府还可以在承接者违反合同约定或有特定的情形时终止合同，以保护公众利益。当然，为了保护供应商的利益，政府的这些行为也是受到限制的，以达到购买者与供应商间的权力平衡。

政府采购还在一定程度上承担着贯彻政府社会经济政策的责任，比如上文中提到的《小企业法》要求政府采购中要有一定比例的采购分配给中小型企业或一些弱势群体办的企业，比如落后地区、少数族裔、妇女、伤残军人等，也要在采购合同中包括有关劳动法、环保法的条款，比如规定供应商需遵循平等就业或环境友好的条例等。

通过这些措施，美国政府在购买服务过程中坚持公平竞争原则，确保了采购过程的公正性与实施的透明性，有效遏制了采购中的腐败行为，对于社会组织参与公共服务的供给，以及社会组织自身的发展有极大的鼓励作用。

美国的政府采购与我国的基本思路是有区别的。我们可以看到，美国是结果导向的，注重公众利益的最终实现，贯彻最优价值原则，在各种法制法规和程序的规制下，由一个个具体的人，即合同官来实现采购；我国更多的则是过程导向，政府部门提出采购要求，由第三方的专业机构组织与管理招投标过程，由专家进行评审与决定承接者，提出采购的政府部门和财政部门共同监督供应商的实行过程，整个过程中有多方参与，但政府与专家处于比较核心和权威的地位。通过梳理美国的做法，我们归纳出以下可供借鉴的经验。

第一，在实践中不断完善制度建设，是保证购买质量与程序公正的根

---

① 《美国政府采购制度》，中国政府采购网：http://www.ccgp.gov.cn/wiki/zcwj/201407/t20140701_4618910.htm，最后访问日期：2019 年 11 月 8 日。

基。美国作为一个联邦制大国，各州有自己独立的立法、司法和行政机关，而在政府购买的体制设计上却体现出了高度的统一性与细致性，形成了完备的法律与政策体系，有细致的组织结构，严格的执行管理与预算管控机制，从而规范了购买服务行为和资金的分配及使用。尽管美国的机制设计不必然带来购买服务的成功，但其完备的法规与规范的程序却是有序管理的前提，能够将投机行为等负面因素控制到最小限度，也能尽可能更好地维护和体现用户的权益和意志。

从购买过程来看，FAR从需求评估开始就作了细致的规定，对采购计划、需求调查、需求描述等进行了阐述，然后由采购机构或合同官按规定进行需求确定。对于非通用类的产品比如服务，合同官有义务和责任根据服务的特点提出详尽的需求，由潜在的投标人提供解决方案或相关资料，对需求进行改进，因此在购买前期就已经有充分的谈判、磋商和交流的环节，以确保双方思路对接。对于通用类的产品，合同官必须制定性能、技术标准，验收方法等，同时还需遵循商业化操作的思路，最低价成交，鼓励竞争。

在我国，需求评估步骤常常被忽视，带来的就是简化或形式化的操作。而且潜在的竞标者提出的标书是作为竞争的唯一依据，中间没有购买者与提供者沟通的步骤，完全依赖专家打分评审，有很强的主观性。这样的设计未能充分考虑政府购买服务公众利益的最终目的，将购买的重心置于购买方；专家未必很了解服务对象的实际情况或者每个提供者的具体能力，需求与评审指标不明确都会造成打分的随意性，很容易产生偏颇的结果，最终影响服务产品的提供和使用者的需求满足。现实中也常出现不同提供者得分只有细微差距的情况，具有很大的人为操作因素。我国在实践中常有重事前监管、轻标后管理的问题①，因此同样的，在服务过程与结束后的评估中也常出现类似的现象。只有将服务使用者，即公众的声音更多地纳入采购的过程，让社会力量充分发挥民主监督的作用，才能切实保护公众

①《美国政府采购制度》，中国政府采购网：http://www.ccgp.gov.cn/wiki/zcwj/201407/t20140701_4618910.htm，最后访问日期：2019年11月8日。

利益。

第二，美国政府向社会组织购买服务遵循完全的商业化运作，服务承接方在市场中公平竞争，政府与社会组织地位平等，社会组织的利益在与政府交易过程中受法律充分保护，促进了政府购买服务的良性发展。这一机制建立在美国强大的社会力量与司法力量的基础上，并且与开放公平的良好市场环境密不可分。我国还是以政府，即购买者为主导，未形成充分市场化和良好的购买关系及秩序。我们可以改进关于政府采购的争议、投诉、复议等的处理程序，保护服务提供者的利益，提高社会组织参与政府购买的积极性。

第三，对于专业人才及机构的管理与培训，是保证制度落实的根基。美国的合同官制度是其复杂的采购法律与制度得以施行的关键设计，而我国没有类似的设置，没有职业化的政府采购从业人员，没有资质认证与管理制度，购买时的所有程序都靠购买者与潜在的承接者自行完成，采购机构通常只作为购买"中介"对一些文件和程序进行处理与递送，没有发挥更多、更深的监督、管理与协调的作用；在评估时则另外聘请第三方的专业机构，由其组织专家考察，高度依赖专家的判断，而专家对整个服务过程的评判多是依靠服务机构提供的文书。无论是购买者还是服务者的权利与权益都缺乏专业性的保护，最终则使服务对象的利益无法得到稳定的保障。

第三节　英国

一　政府购买服务制度设计

（一）注重程序公正与合同管理

英国政府建立了相当完备的购买程序和合同管理机制，积极介入购买服务的整个过程。购买主要包括八个环节，分别是制订具体的购买计划、确定购买负责人及配备人员、公布购买信息、接受社会问询、确定服务承接者候选名单、开展招标活动或者直接购买、合同监督和独立审计。各个环节层层递进，缺一不可，有效降低了购买风险，也为政府和社会组织及时纠错提供了条件。

英国政府在政府购买服务中实施严格的合同管理。这主要是指规范双方交易行为，与社会组织签订具有法律效力的合同，对服务数量、质量、价格以及双方的责任权限等内容作出明确规定；对社会组织履行合同的情况进行实时把控，监督其完成情况与质量，进行绩效评价，确保社会组织保质保量完成公共服务供给。完备的合同管理确保了政府购买服务过程中合作双方的权益不会受到伤害，也有利于保证公众公共服务享受的权利不受损害，是政府自觉承担公共服务责任主体角色的体现（周宝砚，2018）。

（二）注重质量管控与绩效管理

撒切尔时代的公共服务改革取得了显著成效，通过实施"强制性竞标"（compulsory competitive tendering）政策，英国以立法的形式强制要求政府以竞标方式进行政府购买。这个政策满足了政府对经济效率的追求，但过度追求低成本却在一定程度上导致公共服务的量少与低质，这样的结果无疑会对政府公信力产生负面影响。此后政府在总结撒切尔首相改革教训的基础上，将提高公共服务质量作为完善政府购买服务的关键。1997年工党上台后改强制性竞标为"最佳价值"（best value）政策，结合了价格与质量的考虑，将质量监管和绩效评估作为政府购买服务的重中之重。

在对服务过程的管控方面，除了审计、检查等手段，英国政府还构建了公共服务质量保险制度。在该制度下，服务承接主体必须对服务的质量评判标准作出清晰的界定，且相关标准必须得到购买者和使用者的共同认可，避免因主观分歧而产生的问题。在标准设定完成后，社会组织应预留双方约定数额的押金或购买保险，以在组织无法提供达标的服务或是无法提供服务时对使用者进行赔偿。在社会组织提供服务的过程中，使用者有权对其进行监督（周波，2018）。这一制度不但能够激励社会组织努力提高自身发展水平与服务质量，还能在一定程度上吸引使用者参与到对社会组织的监督中来，减少政府监督的信息成本。

此外，英国政府建立了比较完善的绩效管理机制。在这一机制下，政府应当设定可测量的、以效益为目的的绩效目标，并将计划公之于众，在政府购买服务公开性、透明性的要求之外，强化政府部门的责任感。同时，协商在绩效目标设计的过程中扮演重要角色，地方政府还应根据地方的资源条件和民众期望来修改绩效指标，从而以合理的价格满足公众需求。最后，地方政府通过绩效评估决定哪些服务承接方能够在竞争中胜出，使之继续为民众服务，从而实现"最佳价值"。

二　社会组织的培育与发展

（一）构建政府与社会组织的合作伙伴关系

新公共管理改革最早是由英国发起的，在政府购买服务制度方面它已经较为成熟完善。社会组织（包括慈善组织）经过数百年的漫长发展也非常成熟壮大，英国的社会组织约 90 万家，资产总额在 2280 亿英镑，领薪从业人员 200 万人①，在公共服务市场中占据了重要地位。2012 年卡梅伦首相启动了"大社会基金"计划，这个计划的设想是，筹集独立于政府外的资金，由独立的委员会管理，建立一个市场平台，鼓励志愿活动，支持更多慈善组织、社会组织与企业参与社会服务与提供社会福利，以提高公共服务的整体水平。② 越来越多的公共服务外包给了社会组织，因而社会组织涵盖的公共服务范围极为广泛，如资助收容所、青少年犯罪预防、就业指导与帮助、受害人救助服务、帮助弱势社区和弱势群体等，不管是社会领域还是医疗卫生领域，社会组织都在其中担任着重要角色（周波，2018）。

英国政府与社会组织合作伙伴关系的形成有其特定的背景。在 20 世纪 80 年代，保守党领导下的英国政府以新管理主义的思想促进了社会组织转型，倾向于以企业管理的方式来管理公共服务组织。在这一管理思想下，英国改变了过去由政府直接提供服务的局面，转为以资金资助社会组织的方式，让社会组织来提供服务。在这一过程中，以项目资助为基础，以质量评估为保障，从而实现更为高效的服务供给。这一时期，政府对项目的

---

① 中华人民共和国财政部：《国际司：英国、法国社会组织发展与管理体制情况介绍》，引自中国政府采购网：http://gjs.mof.gov.cn/pindaoliebiao/cjgj/201308/t20130821_980382.html。

② 两年后，"大社会基金"受到资金使用等方面的质疑，接受了英国慈善委员会的调查，此处暂且不讨论这些问题。

规划和设定具有绝对的主导权。尽管政府吸纳了专业社会工作组织，购买服务的实践中却出现了社会组织承接偏离其价值理念和服务范畴的项目、为完成指标牺牲质量等现象。同时，在强制性竞标政策下，为了向政府展现其竞争力，社会组织在工作过程中必须既保证经济合理性，又保证工作产出，这就对工作者的专业程度提出了很高的要求，甚至造成专业性与管理需要上的冲突。比如，过多的文案工作会压缩掉社会工作者投身于公共服务的时间，工作者可能更重视评估的材料整理而轻视服务的实际质量。结果，提升的只是行政性工作而非专业社会服务的质量（方英，2015）。

为了回应这些不足，1997年上任的工党首相布莱尔决定推行"第三条道路"，确保政府购买服务过程中社会组织的独立主体性地位，使之能够深入参与到服务项目的规划设定中，创新服务形式和内容，激发社会组织的专业性优势。1998年，英国颁布了《英国政府和志愿及社会部门关系的协议》与《政府与志愿及社区组织合作框架协议》，这是政府和社会组织第一次通过协议的方式确定彼此的合作关系（方英，2015）。通过吸纳社会组织参与公共服务方案的制定，英国政府平衡了管理主义的需要和专业价值，有效回应了政府行政管理对社会组织发展自主性形成的挤压问题。随着"最佳价值"策略的运用，英国政府更加注重政策执行的持续性和对承接方的绩效评估，社会工作的结果是受到检查、审计以及市场竞争情况等多方面因素综合影响的，社会工作者和社会组织的工作产出从而更加清晰地展现，透明化的过程也使群众能更好地监督反馈（姜熙，2014）。

英国政府与社会组织合作伙伴关系的关键在于，社会组织在政府购买服务的过程中参与了政策的制定，双方建立起了平等的对话机制。政府与社会组织合作关系的构建将理性规划、参与和评估引入了地方政府的公共服务管理中，在政策涵盖范围、公私合作关系上都有了极大的突破与发展。自此，政府与社会组织明确了共同的价值观，政府与社会组织合作伙伴关系从形式走向实际（齐海丽，2018）。

（二）政府对社会力量的培育

英国政府除了鼓励社会组织参与公共服务方案的制定，还从项目投资、发展投资和战略性投资等三个方面为社会组织提供实质性的支持。英国在

2006 年正式公布"能力建设者"项目，从技术、资金、人力资源等六方面给每一个需要帮助和支持的一线社会组织提供政策扶持。在这一项目的实施过程中，政府不但加大了对社会组织的财政投入，还建立了 6 个国家级的服务中心，支持地方能力建设，包括为社会组织提供硬件支持、大力推广社会组织提供公共服务的优势与效益、鼓励非营利组织投身公共服务实践并进行资金援助，同时不断探讨如何持续有效地为社会组织提供更多财力支持，切实提高社会组织提供公共服务的能力（齐海丽，2018）。

此外，英国还有一类承接公共服务的主体——社会企业。这类机构既不属于非营利部门，也不同于只追求盈利的传统商业机构，它们拥有基本的社会目标，因此并不以利益最大化为动机，它们的利润是为了社会活动和社会利益而存在的。这些以社会或环境为主要目的的社会企业改善了公共服务，唤起了社会道德，为了促进它们进一步为社会做贡献，英国第三部门办公室于 2006 年推出了《社会企业迈向新高度》的行动计划。文件指出，一些体制机制的存在可能会影响社会企业的健康发展，对于这类障碍应当不遗余力地破除；要集各部门之力，探讨有利于社会企业发展的道路与政策，从已有的成功实践中吸取经验并及时推广；对于那些可持续发展的、较为成功的社会企业应当给予适当的鼓励与帮助，提供为期 3 年、每年 80 万英镑的资金支持，还为其工作人员提供技能培训，推动社会企业的健康可持续发展（周波，2018：57）。

英国在提供公共服务的道路上作过许多尝试与探索，在不同的历史时期走过一些不同的路径，它的经验与美国不同。相似的是，英国政府购买服务同样强调制度建设与程序公正，并且表现出了明显的质量导向，在购买服务实践中对服务质量与使用者满意度予以了充分关注。

英国的独特之处在于，它的社会组织、慈善组织、社会企业尤其发达，具有很悠久的发展历史与优秀的传统，在社会福利、社会服务提供、社会工作发展中都是一股很大的力量。英国也积累了独特而丰厚的社会慈善文化，慈善事业的发展水平较高，因而整个社会福利管理水平也较高。它非常注重注册，通过这种手段可以提高社会组织的准入水平，一方面增强民众对社会组织与慈善组织的信任，另一方面也为组织谋得财政与税收等方面的好处。政府与这些发达的社会组织建立合作伙伴关系，并提供资金、培训等实质性支持推动民间机构不断成长壮大，提升它们在公共服务上的组织实践能力，以为民众提供更加优质的服务。

我们不难发现，后发的中国社会服务与20世纪八九十年代的英国有相似之处。中国同样面临着行政性非专业社会工作的转化，对专业社会工作实践和组织培育支持的从无到有，以及政府和社会组织"合作伙伴关系"建设等一系列问题，亟待解决。在微观的服务供给上，中国社会工作也出现了与英国"强制性竞标"时期类似的困境：政府行政性工作压缩了社会工作的专业性。由于我国社会组织独立性不足与街居等本土非专业性社会工作的强势，社会组织在提供社会服务的过程中常遭到来自行政体系的干扰。英国的解决策略是，以更加开放的态度对待社会组织，将社会组织与社会工作者吸纳到政策制定与公共服务方案设计中，从而化解政府管理需要与专业社会工作之间的冲突，而这对于中国政府不失为一个值得借鉴的策略。

第四节　总结

观察中国香港地区、美国与英国政府向社会组织购买服务的案例，可以发现它们的一些共同点，主要体现在以下几方面。第一，都有完善的制度设计，在发展的过程中不断积累，将经验制度化、法制化、规范化，不留制度覆盖不到的死角，做到事必有据可依，就可以减少人为影响、差错与腐败。第二，都做到了人员与机构的高度专业化、职业化，从人的职业道德、素养、技巧与知识方面进行提升，能从执行的根本上提高质量，减少人为因素的负面影响，而组织的发展也能得到保障，整个行业朝稳定与健康的方向前进。第三，都能实现各方利益的互相制衡与平衡，通过商业精神与社会公共利益最大化原则的有机结合实现最大程度的高效、优质、低价与合理，以向作为纳税人的公众交代他们的钱是否用得其所，他们的需求有没有得到满足，他们对社会福利运作是否感到满意。只有民众满意，作为购买方的政府才能维护其权威，作为服务提供方的社会组织才有立足与发展之地，三者的利益在这样的平衡关系中得到了保护。

这几点正好体现了三元主体的一种良性关系。第一，购买方与承接方地位平等。在英美国家，政府与社会组织之间是一种合作伙伴关系，双方建立起了平等的对话机制，社会组织在政府购买服务的过程中参与政策的制定，具有相当的独立性与话语权，而不是受束于指标，听命于政府，这一点对于社会组织充分发挥自身专业性、避免政府性行政事务的干扰至关重要。第二，社会拥有充足的专业社会工作资源，社会组织能形成独立、蓬勃的力量。至今中国香港、美国、英国都已经形成了一批具有较强的专业性与独立性的社会组织，除了组织的自我建设与完善，其专业社会力量的发展在一定程度上要归功于政府的扶持。此外，社会力量的充分发展又与市场竞争的运作紧密相关，中国香港、美国、英国之所以能构建起竞争性投标的机制，都离不开社会组织的良好发展与社会工作培育的成功。第三，公众在政府购买社会服务中应是最重要的持份者。这不仅要求服务内容要切中要点，使用者的需求得到最大程度的回应，还要求服务质量令使用者感到满意。中国香港、美国、英国对民众声音充分重视，开拓了畅通的表达途径并采用科学的调查方法，更有完备的法律规范、质量监督与评估体制为服务质量保驾护航，从而确保社会组织提供的服务符合并且能够满足使用者的需求。

中国香港、美国、英国购买公共服务发展经验为我国政府向社会组织购买服务的实践提供了优化思路。在购买服务的过程中，作为购买方的政府是购买服务的推动者和主导者。社会组织是服务的生产者和供应者，通过接受政府提供的资金来为消费者生产、供给所需要的服务。除了购买方与承接方之外，作为服务使用者的公民也是不可忽视的主体。政府购买服务的重要目标就是为特定的公民群体提供符合其需要的公共服务，使用者的满意度是衡量公共服务实施效果的重要标准。可以说，使用者在政府购买服务中的重要性丝毫不亚于作为购买方的政府与作为承接方的社会组织。并且，随着政府施政观念的转变与对社会效益重视程度的加强，可以预见使用者对公共服务的获得感与满意度将会对政府购买服务的工作方式产生越来越重要的影响。基于以上经验，我们可以从政社平等化、社工专业性、使用者角色三个方面综合分析，借鉴其中的经验，探索出符合我国国情的未来方向与趋势。

国内学者主要对购买服务过程中的购买方与承接方关系进行研究探索，鲜少存在对三种主体之间关系的探讨（姚迈新，2013；费梅苹，2014；彭少峰、张昱，2014），更少涉及使用者与其他主体间关系的研究，这也是实际处境中三者关系的一种反映。下一章中我们将进一步阐述这个观点，用广州的案例，分析与归纳我国POSC实践中一些典型的问题，更重要的是从中反思什么样的三元主体关系更有利于政府购买公共服务的运作，以使读者更明白后文中佛山案例的思路与特点。

第三章 三元主体的理论框架

一般来说，任何产品的购买过程都包含三个环节：供给、生产与消费。在公共服务的购买中，三个环节分别对应三类主体，即公共服务的购买者、承接者与使用者。整理分析前人的研究，我们发现，目前针对POSC主体的界定众说纷纭。有认为政府是唯一主体的"一元论"（徐家良、赵挺，2013），有认为应当包括承包方和发包方的"二元论"（杨宝、王兵，2011），有认为应包含购买者、承接者与使用者三方主体的"三元论"（王浦劬、萨拉蒙，2010；贾博，2014）。此外，还有学者持"四元论"，但对于第四主体究竟如何界定则存在不同的看法，如任建新和李洁（2011）认为财政部门（资金拨付者、监管者）、职能部门（提供者、购买者、激励者和监督者）、企业或者非营利组织（生产者、承接者）以及社会公众（使用者、消费者）是政府购买服务的四个主体；王箭（2014）则认为政府购买公共服务包含购买者、承接者、使用者、评估者四个主体。

从我国目前出台的五个关于政府购买服务的文件来看，政府购买服务主体的界定仅涉及购买主体与承接主体，在政策内容上也鲜少提及作为使用者的公民（表3-1）。可见，我国的政府购买服务还处于规范购买方与承接方行为的阶段，使用者的角色还未得到足够的重视，而这一点与实践中使用者的缺位是一致的。政府购买公共服务的真正目的在于满足广大人民群众日益增长的公共服务需求，仅关注购买方与承接方的二元主体，势必无法满足政府公共服务良性发展的需要。

表 3-1 政府购买服务的国家级政策及相关主体界定

时间	颁布单位	文件名	对购买服务主体的界定	对承接主体的界定	备注
2002 年颁布，2014 年修订	全国人民代表大会常务委员会	《政府采购法》	采购人是指依法进行政府采购的国家机关、事业单位、团体组织	供应商是指向采购人提供货物、工程或者服务的法人、其他组织或者自然人	
2013 年	国务院办公厅	《关于政府向社会购买服务的指导意见》	主体包括两种，一是各级行政机关以及参照公务员法管理的、具有行政管理职能的事业单位。二是某些已经被纳入行政编制管理人员的事业单位，并且其运营经费主要由财政负担	承接主体主要包括依法在民政部门、工商管理部门、行业管理部门登记或国务院特批免登记的社会组织、企业或机构等	
2014 年	财政部、民政部、国家工商总局	《政府购买服务管理办法（暂行）》	主体是国家的各级行政机关以及具有行政管理职能的事业单位	承接主体主要指依法登记以及国务院特批免登记的社会组织或是公益二类事业单位、企业、机构转变为企业的社会力量	群团组织没有被纳入主体范围中
2015 年	文化部、财政部、新闻出版广电总局、体育总局	《关于做好政府向社会力量购买公共文化服务工作的意见》	主体主要承担提供公共文体服务的行政机关，以及被行政编制纳入的，能够提供公共文体服务，具有的群体组织及参照公务员法管理、行政管理职能的事业单位	主要包括：具备提供公共文化服务能力且依法成立（或依法批准免于登记）的社会组织和事业单位；在民政部门、工商登记的社会组织、企业或机构	过于侧重公共文化服务领域
2018 年	财政部、中央编办	《关于做好事业单位改革后政府购买服务改革工作的意见》	主体是能够承担完全或主要职能的事业单位。行政类事业单位应结合具体改革分析。不承担行政职能的事业单位可以按照相关法律规定，根据需求购买辅助性服务	承担某些公益服务项目包括医疗以及高等教育，部分由市场配置资源的公益二类事业单位，以及生产经营类事业单位与其他有资质的社会组织	该政策专门针对事业单位

第一节 三者的界定

本研究采用三元主体论，如图 3-1，政府、社会组织与特定公民，三者分别对应购买者、承接者与使用者的角色。

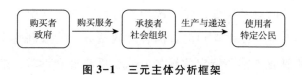

图 3-1 三元主体分析框架

一 购买者

对照表 3-1 所列五个文件中关于购买主体的定义，可以发现它们的界定不尽相同，综合来看，各级行政机关、事业单位、群团组织皆在其中。基于现行政策与实地调研情况，本研究认为"政府购买服务"中的"政府"应包括各级行政机关、相关的事业单位及群团组织。

其中，"事业单位"是我国特有的一个概念，是既非政府又非企业的第三方存在。从功能上可以把事业单位分成三类：第一种是直接承担政府行政基本职能、为政府直接提供服务的单位，主要行政职能范围包括资质认证、监管、质检以及机关后勤服务等；第二种是承担公共事业发展基本职能、提供公共服务的单位，主要职能范围包括文化、科教及基础设施建设等；第三种是扮演中介沟通角色的单位，为市场和企业提供服务，主要行政职能范围包括咨询、协调等（王浦劬、萨拉蒙，2010；范恒山，2004）。

国家层面的相关政策长期以来都只是提到事业单位可以作为政府购买服务的主体，但没有细化到哪些类型的事业单位可以作为这种主体。直到2013年《国务院办公厅关于政府向社会力量购买服务的指导意见》正式出台，才明确了"具有行政管理职能的事业单位"才可以作为政府购买服务的主体。2018年的财政部、中央编办《关于做好事业单位政府购买服务改革工作的意见》进一步细化了界定的范围，规定只要是承担行政职能的事业单位都可以成为主体，允许不属于主体的事业单位购买辅助性的服务。生产经营类事业单位，承担基本公益服务且不能或不宜由市场配置资源的公益一类事业单位，以及可由市场配置部分资源的公益二类事业单位，都不是购买主体。

而"群团组织"，是指根据某种目的、任务或形式的要求编制而成的非国家政权性质的组织，比如工会、妇联、残联、共青团等。群团组织具有政治性与功能性的双重属性，在其政治性方面，它充当中国共产党开展群众工作的重要力量，促进党和国家的各种政策方针的顺利落实；在其功能性方面，主要服务于某一特定领域的群众，反映群众诉求，维护其基本权益。然而在实际中，群团组织的政治性往往大于功能性，这与其体制安排不无关系。群团组织是国家政权体系的重要组成部分，主要负责人大多由党委直接任命，经费也主要来自政府财政拨款，工作方式带有强烈的行政色彩，是"准行政组织"。随着群众利益诉求的多样化，以及中央对群团组织加强功能性的再次强调，群团组织逐渐意识到自身简单僵化的行政化工作方式已不能适应工作需要，于是也开始以购买的方式将服务功能外包，尝试实现功能性的回归及专业性的提升。

二　承接者

五个文件中对承接者的界定为：社会组织、公益二类的事业单位，以及转为企业的企事业单位与机构。

应该指出的是，我们要在中国语境下理解"社会组织"。社会组织的广义概念是除了党政机关以及企事业单位以外的社会中介性组织。其狭义概念是指由各级民政部门登记备案的某些社会团体、民办非企业性单位以及基金会。本书中的"社会组织"指的是狭义的社会组织。

我国的社会组织具有中西融合的特征，既具备西方国家非营利组织（NPO）或者非政府组织（NGO）的某些属性，也受中国国情和制度的影响。总体来看，我国社会组织具有以下基本特征：不属于政府机构或市场组织，由社会资本投资运作；不以营利为目的；为实现特定的使命与目标而存在。在政府购买服务中，社会组织通过接受政府资金为消费者生产、供给所需要的服务（王浦劬、萨拉蒙，2010）。

三　使用者

在政府购买服务的整个过程中，签署合同的虽然是政府和社会组织，但合同的最终服务对象并不是政府，而是广大群众。所以作为 POSC 中重要的一方，作为服务使用者的公众拥有知情权、监督权、安全权、评价权、选择建议权、依法求偿权等权利（邹焕聪，2016）。

第二节　从广州经验看全国[①]

广州是较早推行 POSC 的城市，社会工作行业借着这"东风"得到了很大的发展，社工机构从 2008 年的 9 家发展到 2018 年底的 407 家[②]，家综从 2010 年的 20 个试点发展到 2018 年的 188 家，实现了全市街镇全覆盖，市政府每年在家综上的财政投入稳定在 3 亿多元人民币。POSC 的全面推行进一步推动了人才队伍的发展，进而推动社会服务的发展，总的来说初步形成了一种良性循环。

但在快速增长的过程中，实务工作者、政策制定者和社工教育者也遇到了很多前所未有的问题。这些大大小小的问题体现在各个方面与阶段，主要可总结为三类：购买前期问题，包括购买方式、购买内容、购买对象、契约方式等；购买过程性问题，包括服务的提供方式、服务架构的制定、服务与购买方期望的契合度、服务提供方的理念、服务成效评估、资金供给等；成效反馈问题，包括服务使用者的满意度、社区发展、社会改变的程度等。

作为政府购买社会服务的先行者之一，广州走过的道路能为我们理解 POSC 的本土实行与效果提供一个图景与参照，这部分中我们依循三元主体

---

① 这一部分是基于作者已发表文章的扩增与更新，可见丁瑜、肖矞《从政府购买社工服务进程中的问题再思三元主体关系——以广州市为例》，《社会工作与管理》2017 年第 17 期。

② 《广州社工服务机构数量位居全国第一》，大洋网：http://wemedia.ifeng.com/93793321/wemedia.shtml，最后访问日期：2018 年 12 月 19 日。

的思路从不同角度来阐述这些问题，展示三者之间的可能关系、各自的期待和现实。

一 从购买方的角度

（一）制度尚未稳定

因为社会工作在我国的社会服务体系中尚属新事物，政府颁布的 POSC 文件大多是探索、试行性的，总体来说长远规划不足。一些已有的文件虽有比较明确的关于指导思想、服务内容、购买范围、评估考核的基本规定，但对细节性的事项却观照不足，部分条文存在脱离实际的不合理情况，这将会产生模糊、灰色或真空地带，机构实践时只能按各自的解读进行，或要额外花费时间与精力寻求进一步的阐释，会给其工作带来一定的影响。

例如，2012 年广州市民政局《关于进一步做好街道家庭综合服务中心建设工作的函》对下拨到每个家综的 200 万元经费作出明确规定，其中机构人员开支为 60%，虽然当时的设定只是针对一般情况，但第三方评估时将其误读为硬性要求，如果不符合此比例就要作扣分处理。在实际运作中，人员开支常会超出 60%，有时甚至超过 70%，社会组织要通过寻求相应对策来解决超支的问题，如编派人员至不同项目点，以减少某个点的人员开支。而有的机构则相反，人员方面的支出常年低于 60% 的预算。政府本身也意识到这些比例规定得不合理，因此在评估时执行了一段时间后就没有再作要求了，直到家综运行 8 年后的 2018 年广州市人民政府办公厅颁布《关于印发广州市社工服务站（家庭综合服务中心）管理办法的通知》（以下简称《新管理办法》）时才规定原则上每个家综的年度经费增加至 240 万元，人员开支比例增加到 65%。

在实际操作中，由于缺乏政策法规的依循，编制预算、组织购买、签订合同、指导实施和结项验收五个 POSC 的基本步骤（李卫湘，2013）都未能有效开展，例如在编制预算时地方政府因无法可依、无例可循导致立项审批程序的不规范（张弘力、林桂凤、夏先德，2000）；对机构恶性竞争中劣币驱逐良币现象难加以引导规管（彭凯健，2015），造成招投标程序名存实亡（黄光星，2013）；因法律体系尚未形成、法治功能弱化而难以拓展购买范围（肖光坤，2015）等。广州市在POSC的初期阶段曾出现过恶性竞争的现象，在一项政府购买招投标中，某机构为了赢得项目列出了3.8万服务时数的"天文数字"，令其他服务时数为2万的机构瞠目结舌，而问题在于，当时即便是2万的时数也已是不可能完成的任务，但这家机构因为从数量上"优于"其他机构而中标，造成了非常不好的影响。在自身发展不健全的情况下就要竞争资源，完成指标数量，令员工疲于应付，令其专业发展和服务提供大受影响，也会影响业界的团结与资源共享。为了遏制这种现象，广州市于2015年出台了新规，总服务工时上浮不得超过机构基础工时的10%①，投标竞争除了工时数的竞争，也要看其他项的评分，从而制止了这种闹剧。2017年，市政府又根据国家相关法规下调了年度有效服务总工时，而最高年度总工时也随之下调，以避免指标设置过高而影响服务的情况。

刚开始的几年，广州市是由各区分别做评估的，各区自行设立评估标准，按照自己的理解去开展评估，一些参与评估的机构、专家团队甚至没有正式向社会公布其资质和组成，造成执行标准不一，影响评估的科学性和权威性，也使在不同区承接了评估服务的机构应接不暇。后来市民政局制定了统一的行业和服务质量评估标准，但由不同机构承接不同片区的评估。2014年广东省政府修订印发了《政府向社会力量购买服务暂行办法》，但仍未明确指出什么样的"第三方机构"才具有评估资格。2016-2017年时统一了评估机构，家综的中期评估由广州市社会工作协会统筹组织，末期评估由社工师联合会以及一家评估机构分片区进行，市社协负责监督指导。评估人员从专家库中调取组成，来自不同单位，统一管理、培训。由于形成了多方监督，参评人员也较为分散，操作上难以"串联"或论关系，评估与被评估双方"走后门"的空间缩小了。随着评估方式和监督机制的日益完善，要求改判等议价现象得到了一定程度的遏制。但两期评估由不

---

① 按当时的计算方法，基础工时是指，广州市的家庭综合服务中心至少要请14名社工，按每人每天8小时，每月20.5天（计算公休后平均数），每年12个月的算法，每人每年的工时为1968小时，那么最低的14人就应该是27552工时，投标时最高工时不得报超过27552+2755＝30307小时。专项服务因为服务的不同，由购买方与承接方双方协商工时。

同单位承揽的做法会引起很多执行上的差异，监督成本也会增加。到 2018 年时，《新管理办法》又作出新的规定，评估由各区政府牵头组织，联合镇政府/街道办与第三方评估机构，按市民政局统一制定的项目评估规范进行，三者的评分各占 10%、20% 和 70% 的比例。

将评估作为唯一的管理与约束方式也有其自身的问题。比较核心的一点是所要评估的服务质量往往难以量化。一方面是因为目前政府购买社工服务的主要受益人群是老年人、青少年、病残人士等相对弱势群体，他们自身缺乏对服务效果评估的能力。另一方面是青少年教育、品质养老、妇女增权、家庭能力培育、社区发展等本身就是难以量化的概念。量化评估只能看到一部分成效，主要反映的是成本-收益的关系，而对服务长远可产生的影响，尤其是社区层面上的，以及服务对象自身的改变缺乏观照。

另外，在对服务指标进行验收的时候，更多的是通过文字性的材料进行评估，文书的齐备与否和文字表述就成了主要工作，服务具体的实施过程却难以反映，不能进行有效的监督。大部分机构，无论是其家综项目还是专项项目，都要经过不同的评估，在正式评估前有些站点会由主任带领同事进行模拟评估，社工加班加点，查缺补漏，把所有文书按要求归档，把未填项目、未加督导意见、未签名的部分补齐，甚至"制造"服务对象的活动反馈表，把站点破损或不合要求的配置补齐，提前和服务对象打好招呼以迎接评估专家的抽样访谈等。而通过对服务对象的抽样访谈进行的满意度调查在中国重人情、看情面的文化习惯下也倾向于正面，因此其公信力和有效性存在争议。

重要的是，多年以来，评估都未能把服务的最终使用者作为关键信息来源，起关键作用的是专家评审，把大部分的决定权都放在专家身上，即使在今天，评估已经进行了改革，评分有不同的构成，但还是有专家不足、不公、不专的问题①，会有专家操控的情况。

2016 年，广东省民政厅在反思本省十年社工发展时，提出社工改革构

---

① 《美国政府采购制度》，中国政府采购网：http：//www.ccgp. gov.cn/wiki/zcwj/201407/ t20140701_ 4618910. html，最后访问日期：2019 年 11 月 8 日。

想，并于 2017 年启动了社工"双百计划"。"双百计划"除了覆盖粤东西北农村地区的特点之外，最大的不同就是其"目标-计划-过程"的跟进、管理以及评估专业推进体系（张和清、廖其能、许雅婷，2018）。其项目评估不再依据原有的专家主导的评估方式，而是根据社区评估的行动研究了解社区需求，制定建设的愿景与目标，一步步具体化、细化行动，按年、月、周来推进，体现了社区为本的理念，不再依赖专家或社工的评审。这是理念上的飞跃，是对一贯制度的打破。

2018 年 7 月，广东省人大通过了《广州市社会工作服务条例》，针对广州市社会工作服务行业发展中的问题建立了一系列激励、保障、监管的制度措施，其中一些做法在全国属于首创，广州终于有了社会工作的专属法规，该条例也成为全国首个社会工作领域的综合地方法规，具有示范性的作用。至此，社会工作立法迈出了关键的一步。

（二）社会组织发展仍不足

广州的社工机构数量位居全国第一，但也只有几百家，与 1490 多万的常住人口相比较是杯水车薪。相邻的香港人口约 740 万，却有 6 万人任职于社会服务机构，截至 2015 年底，社会服务机构共 564 间。[1] 这些社会服务机构在动员民间资源方面能量巨大，除了与各政府部门合作之外，更靠本身的社会网络发展地区性及创新服务，机构资金超过半数来自民间筹资，体现了市民及工商团体对其的信任。截至 2015 年 12 月，香港社会服务机构通过政府拨款与动员民间资源，如私人捐赠、活动筹款、社会企业收入、服务收费等筹集资金共 117.3 亿港元。[2] 成熟的发展吸引了许多志愿者投身服务，亦有来自许多不同背景的人士担任机构董事，以自己的专业知识为社会做贡献。香港的社会服务呈现蒸蒸日上的局面，服务机构数量持续增加，服务十分多元化。若社会组织，尤其是社工机构数量有限，将导致 POSC 的选择局限性，竞争难以充分开展，服务的数量和质量就难以保障，直接影响政府购买的竞争性。

---

① 香港社会服务联会：《香港社会服务机构总览》，http://dss.hkcss.org.hk/overview.php。

② 同上。

（三） 政府定位模糊

将"大政府""强政府"转变为"小政府"也是 POSC 的既定目标之一。然而在实际操作过程中政府自身面临身份模糊的问题，如在购买过程中同时作为公共服务的购买者和提供者而导致的"双重身份"（马贵侠、叶士华，2014：52）；因边界不清晰而导致的权力越界和不作为（陈琴，2014）；基层政府为保护既得利益和维系原有地位和网络而出现的资源圈存和利益干涉行为；以及因权责不明，在服务成效出现争议时成为最终问责方而要承担不必要风险（陈奇星，2012；邰鹏峰，2013）等。

对于社工服务本身在时间和成效上的特殊性，多数学者提倡使用更具灵活性的多元互动模式以进行长期监管（王瑞鸿，2015；马晓晗，2015；陈建国，2012），政府在其中扮演引导者、规范者和监督者的角色（王冠，2011）。但目前由于法律制度供给缺失、法治化推行程度偏低等原因，政府在这几种角色上的发挥受到一定限制，存在一定不足。

（四） 行政干预多

广州市 POSC 曾有两种模式，一种是由街道办事处或涉及的有关部门如工青妇等作为主管部门，成立民办非企业单位来进行管理，原街道社区服务中心的事业编制人员可转入街道的其他政务管理类事业单位或派送到家综工作，也就是所谓的"形式性购买"。这种组织虽然名义上具有独立法人资格，但实际上购买过程不存在竞争市场和竞争程序，造成了购买行为的"内部化"，比如家综主任由街道在编人员任职，或专项项目的总负责人由有关部门调拨人员担任，等同于成立了一个"次级政府"，或存在既当裁判员又做运动员的情况（丁瑜、杨凯文，2019）。这种模式虽然能充分调动街道或有关部门在资源链接、关系协调等方面的行政优势，但政府和行政的权力及影响占据绝对优势地位，干预性较强，社会组织普遍缺乏自主选择开辟发展空间的能力，只有依托现有的行政管理体制和业务主管单位的资源网络优势才能获得一种嵌入性的发展（陈琴，2014）。而且其在工作中往往会为了自身发展而主动趋于政府，可能会使自身宗旨和功能变味，导致服务意愿不足和服务专业水平不足。

另一种则是由区、县级政府或委托民政局以项目管理和购买服务的方式向社会公开招标，再由社会组织通过竞投取得承接服务的资格。比如一家社工服务中心承接了某街道的家综服务，它虽获得了在这个街道开展服务的资格，但相比起街道办，它是外来的、新介入的，在社区里的非原生性导致其未能完整发掘和把握社区需求，只能做"修修补补"的工作。物资和场地上的依赖也常使社工机构无法很好地独立开展服务。机构可能需要向街道、居委会等提出申请，经其同意之后才能取得场地和物资以开展社区活动；而场所也不稳定，有些机构办公的场地是向街道"借用"的，可能随时会被"收回"。

"政府单位"和"民间组织"这两类机构在发展、竞争的过程中可能会因背景、理念、方式方法不同产生一定的矛盾，而"民间组织"则相对更容易陷入资源和权力的弱势。很多家综或专项服务项目时常会接到街道或其他政府机构"摊派"的行政工作、接待任务和宣传任务，大大增加了社工的行政性工作量。曾有社工在一整天的电视台拍摄和接待任务后感叹自己似乎在"电视台和'接待领导参访'社会工作服务中心"工作，这样的感叹不在少数。面对难以剥离的行政任务、尴尬的自身处境，社工情怀和价值理念容易受损，士气会受到影响。社会组织的独立性、专业性和职业化也可能被削弱。

（五）资金制度不完善

政府作为目前主要的服务购买方和资金供应方，主要会有以下的问题与挑战。

首先是 POSC 的低效率模式。费瑞斯和格兰迪（Ferris & Graddy，1986）指出，政府购买要达到节约成本的目的，需从规模经济、劳动实践的部门差异、供应商之间的竞争性三方面入手，但从目前国内 POSC 短暂起步未形成规模经济、社工机构同质性高、素质参差不齐导致竞争性不高或恶性竞争等情况来看，POSC 普遍倾向是实施成本高而产出效率低（何华兵、万玲，2014）。

其次是评估与政府拨款直接相关，容易产生一系列的问题。比如，购买方往往希望通过评估来考核机构的服务是否合格，是否要继续拨款，评估便成了机构能否生存的决定性因素，这使得机构总是千方百计想要过关或者得到好的评价。本书的其中一位作者几年前参与家综评估时曾经历过服务承接机构的"改判"要求。当时是一次中期评估，主要目的在于检查家综半年的工作情况，提出需改进之处。该家综机构设立时间不长，属于"形式性"购买，有街道的支持，场地等硬件设施比较齐全，主要问题在于人员配置和服务开展。作者本着"有则改之"，共同探索、进步的出发点，评估报告写得较为详细，尤其是"不足"部分，希望家综能获得真实的反馈，积极改进，从而提供更好的服务。报告提交之后，该家综主任及街道办副主任写邮件向评估组组长反映希望作者将写得较为详细的"不足"删掉一些，因为与优势相比，不足的"篇幅太大"，他们甚至统计了字数，认为这会对家综的评估结果和发展带来不利影响。家综负责人还想通过其他方式，如一起吃饭等来谈一谈，作者通过评估组组长与其沟通，拒绝了这个要求，最后也没有作出修改。

这是典型的人为干预情况，但在生存压力之下，家综负责人的行为似乎是可以理解的。近两年还发生过更耸人听闻的事件，有少数社工机构为了争夺家综项目，获取政府资金，不惜用"黑"手段，利用与某些街道办人员的亲近关系，以寄恐吓信、发出人身威胁等方式希望"吓退"原承接机构；也有在评估中操纵关系而使一家机构仅以 0.5 分的差距丢了原承接项目的情况。虽然这是极少数情况，但根源在于抢夺有限的资源。如果允许的资金来源不能扩宽，那么类似情况就会"变着法儿"发生。

广州市对家综的拨付方式是与评估结果挂钩的分期拨付，这容易造成机构短期内资金短缺、周转困难的情况，甚至可能难以开出社工薪酬，直接影响机构生存。一个具有一定规模的机构往往同时承接数个家综和不同的专项项目，每个家综一年 200 万元~240 万元，专项项目各有不同，所有项目点资金总量可能超千万元，而政府拨付效率较低，一般评估完成后两三个月资金都未能到账，还有超过半年未到的情况，需机构自行负担全体员工的薪金和服务经费长达几个月的时间，使机构面临巨大的财务压力。根据调查，经费延迟到账的情况有逐年加剧的趋势（雷杰、罗观翠、段鹏飞、蔡天，2015：142）。这可能令街道政府和社工机构为渡过资金难关形成相互结盟利用的"共谋现象"（何华兵、万玲，2014；吴世坤，2015），或走向另一个极端：街道政府和社工机构争夺购买经费，导致双方发生利益冲突，在一定程度上影响服务的提供，违背了 POSC 还权于民和提高社会治理程度的初衷。

二　从服务承接方的角度

（一）实际管理困难多

制度方面的不断探索与变更有时会令机构在实际运营中，尤其是碰到问题时缺乏指引。购买方对机构管理缺乏兴趣，他们往往更关心产出，社会工作行业协会的规范及带领作用尚不明显，机构的行政布局与治理都是机构内部之事，遇到问题时大都只能依据机构运营经验、内部决议等自行尝试解决。

广州的社工机构发展相对完善，在一些具有一定规模、管理较规范的机构中，很多事项细节是依据机构管理条例与规章，通过管理层决策，取得一致意见后实施的，并设有理事、监事机制，定期开会听取管理层汇报，共同把握机构发展方向；但也有很多机构没有严格的理事会制度，理事、监事等大多只是流于形式，机构事务由管理层人员根据实际情况拍板决定，没有民主议事程序和监督机制，造成"一言堂"和管理混乱。

机构在实际运营时遇到的很多问题，比如员工离职、人事纠纷、劳动仲裁等，由于缺乏相应的法律框架和具体操作指引，需要外聘法律顾问咨询相关事宜，而这又受到市场的影响，能请到什么人，付多少薪金，服务时数如何，职责范围等都要一一商谈，差异性很大，也具有不确定性。

此外还有很重要的一点，POSC 的周期性与社会工作本身的方法、理念和价值观有时会有明显的相悖之处。机构要扎根社区，了解社区，充分探索社区需求，是需要在社区中发展足够的信任关系的；在此基础上要开展有成效的工作，需时更长，比如做社区营造，要跟居民真正生活在一起，花费数年甚至十数年都不足为奇，需要社工的全身心投入，过程中也会有很多的不可预知性与困难，社工本身也需要积淀与成长，改变才可能一点点发生，而人的观念转变是缓慢的，这一切都需要时间与耐性。但 2018 年

《新管理办法》出台前，POSC 每一个购买周期为 3 年，这对很多扎根社区的服务来说是不够的，而且每年的考核指标是一样的，并没有根据社会工作的性质与实际发生的规律留有一定的弹性。这造成了社工乃至整个机构、项目的"急功近利"，从服务架构设置到具体服务实施，都透着一股"着急劲儿"，总想在短时间内看到成效，当然这也是购买方所期待的。如果效果没有马上显现，社工便会觉得迷惘，不知道自己究竟在做什么，这么做有什么用。虽然从社会工作自身的性质来看，有很多的工作不会有立竿见影的效果，尤其是关乎人与生活观念的变革，是一点一滴发生的，但贵在坚持，只要社工坚持、怀有信念、方法得当，很多事情都能与服务对象一同做好，改变就会发生。不过 POSC 的评估与拨款并没有这样的耐性。有时评估中的零点几分之差就能夺去一个机构的服务权，机构被迫撤出，新的机构带来新的人事与工作布局，那么之前的工作就很有可能"竹篮打水一场空"，与服务对象建立的联结随之中断，而服务对象对社工建立起来的那点信任也就此削弱。行政救助申请的不可知性与 POSC 时效性之间也有冲突，例如，在面对申报审核程序需时较长的案主时，机构和社工可能会因项目即将完结而无法协助案主申请相关救助。《新管理办法》出台后，服务周期改为 5 年，这类问题有望得到改进，而双百计划的实施也正是基于对此的反思。另外，社工也需花费很多时间在行政流程上，作为无实际权力的机构与个人，在一些个案里，比如家暴，社工只能配合相关执法及行政部门的规定与程序，难以完全从自己的专业角度出发处理，与其他部门的良性互动还没有建立起来。

（二）机构与社工专业化、职业化不足

社会工作作为一个职业，工作的主体即社会工作者（简称社工）的专业性是保障社工服务质量的重中之重，也是保证机构长远发展的关键。但目前机构在社工管理方面还有很多困难。

首先是人才储备方面，广州市在 2018 年时持证社工 1.5 万人，全省累

计通过社工考试的有 6 万人，全省 47 所院校每年培养社工毕业生超过 2000
名。① 但即便如此，具体到机构的层面上，社工仍是供不应求的。在政策
上，广州市社工专业人才被纳入"高层次人才引进计划"和"紧缺工种
目录"范围，东莞、深圳等地也有各类措施保障社工薪酬，用积分落户，
安居房补贴，评选优秀社工，推荐参选劳模、政协人大代表等方法提升其
荣誉感，增强人才储备。但即便如此，社工流失依然严重，普遍服务年资
浅，收入低。据 2015 年广州市民政局一项关于社工人才的统计，广州市
从业 5 年以上的专业社工仅 1%，92.8% 的社工从业时间 3 年以下，社工
人才的年流失率约为 24.3%②，总体来说社工行业呈现一种"进少出多"
的情况。

　　关于社工学生毕业是否做社工，什么因素在影响着他们的择业，在全
球范围内都有不少讨论（Yan，M. C.，Z. M. Ge，S. L. Cheng &
A. K. T. Tsang，2009；Lou，Pearson and Wong，2010；Yan，M. C.，
J. G. Gao & C. M. Lam，2013；An，Q. L. & M. V. Chapman，2014），这些因
素是多元的，包括个人因素、职业发展前景、职业特征、服务对象的需求
等（Christies and Kruk，2007）。除了这些，笔者认为广州本土的一个突出
经验是，学生学习期间的实习体验对其是否从事社工行业有较大的影响。
目前高校实习项目质量较为参差，不乏缺少严格组织、统一管理和持续督
导的"放羊"式实习，实习内容偏向行政事务，或是打杂跑腿，缺乏真正
的专业训练机会。这大大影响了学生的实务体验，也给他们理解社会工作
蒙上了阴影。

　　从招投标的过程来看，招标公司内部缺少社工专业人员，在处理招标
事项时缺乏专业考虑，使招标过程的专业性弱化（杨梨，2014）。招标在有
限时间内进行，有的机构由于其独特的发展脉络而拥有较多社工资源或本
地知识，可发展出基于社区实际需求的服务方案；但大多数情况下机构并

---

① 广东省民政厅：《广东省社会工作十年发展报告》，http://mzzt. mca. gov. cn/article/
sggzzsn/jlcl/201611/20161100887284. shtml，最后访问日期：2016 年 11 月 7 日。
② 《数说社工》，《广州日报》2017 年 1 月 19 日，http://news. 163. com/15/0119/05/
AGA3O16E00014AED. html。

无这些优势，未深入了解社区特色就凭空撰写服务方案，或套用其过往在其他地区的经验，调用家综的人员进入专项项目，这些都是影响日后服务质量的隐患。

在提供服务的过程中，社工在"做人的工作"时自身需承担大量情感劳动和心理压力（Moesby-Jensen & Nielson，2015），却并未得到得当的专业支援（杨梨，2014），同时，他们还需面对专业认知度低（汪昊，2015）、社工角色行政化、基层不情愿接纳（张琰，2011：41~42）、群众不信任（卢磊，2014）等问题困扰，直接导致社工人员流失和服务发展的不可持续（汪昊，2015；卢磊，2014）。此外，由于目前社会对社工的认知度仍不足，政府及媒体在"行政化推动"（李伟峰，2012）社工时常将其简化，突出"助人为乐""大爱无私"的形象，却忽略了社工的专业性和职业性，让机构和社工在开展专业服务时陷入"好人"角色的牵绊，也令民众对社会工作的认识产生了一定偏误。

在服务评估阶段，如上文所述，由于目前评估着重文书资料的检查，社工普遍反映"越临近评估，文书压力越大"，平时工作忙时把文书任务积攒下来，到评估前期赶工完成，其中掺杂造假成分也便不足为奇了。另外鉴于目前评估标准不清晰和评估机构不统一，评估结果反馈更多的是落在管理人员层级，未能对一线社工提供直接的、有指导性的建议，因此未能有效地"以评促建、以评促进"。

其次，机构自身在 POSC 中缺乏独立性，为了迎合购买方的要求，常常刻意追求数量，忽视服务质量。笔者在日常工作与督导过程中留意到，在僵化的指标体系下，社工疲于应对小组数量、个案数量的情况已是"家常便饭"，他们的工作很多时候是受指标的驱使而非从服务对象的真正需求出发，这是一个非常糟糕的局面。一方面，社工受限于这些数量指标，只能通过"造个案"、随意策划小组等方式来使工作达标。他们会把一次简短的培训或者小集会冠以一个活动名称并以文书形式记录下来，或开设一些完全无法反映实际需求的小组，有些小组策划背离当地社区和人群的特点。比如笔者曾见过在城中村外来务工人口集中的地方开设插花、品咖啡、烘焙等小组，这样的小组基本无法招募到参与者，但又因为必须要开，只能让居委会工作人员或当地妇干参加。而个案往往也是招呼一下、问问事由就根据不同情况转介了，没有很好地跟进，只在乎数量上是否达标，不在意服务对象的情感与心理体验。这在另一方面会造成服务对象对社会工作整体形象的误解，认为社工的工作就是这样随意、无聊、应付，与其他部门无异，这很容易形成恶性循环，为社会工作的专业性带来很大的影响，长远来看甚至会阻碍专业的发展。

最后从社工职业发展角度看，有学者指出目前大部分机构在应对不明朗的政府购买政策的阶段倾向以家长制管理为主，管理模式单一独断，功由领导揽、一线社工被"集体淹没"的情况比比皆是（卢磊，2014），反映了社工行业人才激励制度不完善、发展空间狭窄等制度性发展缺陷（李越，2013）。此外，对职业风险规避教育的忽视也在实践过程中成为一线社工的无力、无助乃至情绪崩溃的导火线，间接导致社工人员流失（裴建寿，2015）。广州市有些机构已经开始反思员工薪金层级制度、团队建设制度、机构文化营造与在岗培训制度，希望能从不同的角度完善激励机制，令社工能看到职业晋升的希望，在有需要的时候能及时得到帮助甚至救助，感受到社工大家庭的温暖，以此留人。

（三）运营资金风险大，管理制度繁杂

POSC 的资金流向自上而下，招投标需时长、资金拨付程序复杂、拨付时间较长等过程性缺陷导致机构常面临资金不能及时到位、资源重复浪费、实际服务效率低和进一步依赖政府资金等问题（王华，2013；马贵侠、叶士华，2014）。如果在评估时出了任何"差错"，即没能拿到一个既存项目的服务权，机构还要面临遣散员工、赔付薪水的风险，而这里面存在很多人为与不可控的因素，如果一个社工机构规模稍大，牵涉到不同的项目点，风险是巨大的。在一些社区性的服务购买中，街道办是购买甲方之一，但也把 POSC 的资金视为新资源，并巧借地租、水电费、场地维护费等多种名目阻截经费，有的甚至以安插人员进入机构或自组社工机构等方式圈存资源（徐盈艳、黄晓星，2015；黎熙元、徐盈艳，2012），因此在资金流动过程中常常出现损耗。虽然政府一向不限制其他资金的使用，但外来资金捐助一般用于专项项目或者指定的服务中，来源不稳定，数额一般也不大。

政府购买的资金是机构的生存之本，为了解决拨付制度带来的短期资金周转问题与评估可能带来的巨大风险，机构需要挖空心思去"开源"，在政府允许的框架内找各种方法，甚至是考虑以复杂的形式进行房产、保险产品购买等去做资金方面的风险防控，压力很大。

而从社工的角度去看，社工工资低微已是公认的社会现实，根据广州市社会工作专业化综合调查（GSSWP）的数据，家综从业社工平均月薪到手 3374 元，只有 16% 的人能拿到超过 4000 元月薪（雷杰、罗观翠、段鹏飞、蔡天，2015：77），此外还面临着因资金不到位而出现的工资拖欠、静态购买标准下工资涨幅赶不上生活通胀压力（马贵侠、叶士华，2014）等问题。不少机构制定的工资标准缺乏激励制度，层级之间的差别不大，使社工看不到发展的前景，甚至做多做少都一个样。社工队伍普遍年轻，女性居多，对于刚毕业的年轻人来说，在一线大城市生活，经济压力可想而知，出于经济上、家庭上的考虑，很多社工最终不得不选择退出行业，另谋出路。这导致机构员工流动性大，流失率高，服务质量尤其是个案的跟进常会受到影响，难以持续。另外，机构对督导培训的投入也常因资金出现波动，本地督导数量远远不能满足需求，而要请邻近的香港督导需考虑交通、住宿成本，支出较高，因此在本地督导和培训机制完善起来之前对社工的专业支援容易出现断断续续和质量不稳定等问题，这又影响了社工的专业成长。

三 从使用者的角度

（一）对 POSC 缺乏了解

由于我国社会组织发展相对不成熟，公共事务长期由政府部门包揽，公众对非政府组织（包括民办非企业单位、社会团体和基金会）较为漠视，信任度低。

非政府组织的发展深受中国传统"公/私"文化理念影响，公众对带有"公"性质的组织或个人表现出高度信任，对带"私"性质的组织则持不了解或不信任态度（贾西津，2008：9）。此外，现阶段的非政府组织尚处在发展起步阶段，和政府之间存在强烈的依附关系，具有明显的官民双重性，因而一般被看作政府的治理工具，即"伙计关系"，而非服务社会的自主个体，也就是"伙伴关系"；有部分组织依靠境外资金运营，而现在对这部分资金的敏感程度也容易使民众对其产生看法甚至是偏见；也有一些组织由于自身的经营问题而关闭、中止服务或被撤销，这些都在一定程度上降低了公众对非政府组织及其承接的政府购买服务项目的信任度。

（二）覆盖人群不均匀

在城乡二元发展对立、政府缺位、财政体系分配不均、行政模式持续变动以及福利体制过度市场化等综合背景因素影响下，我国的基本公共服务存在严重的不平衡：从城乡区别来看，生活在设施齐全的城市居民享受相对完善的社会福利和便利，生活物资短缺的农村居民获得的公共服务少；从个体经济水平来看，经济条件较好的群体更容易享受到社会服务，最穷的群体却得到最少的服务，也更难接触到服务（刘金伟，2006；冯占春等，2006；王绍光，2005；解垩，2009）。在广州，2018 年家综和 15 个专项项目服务居民 300 多万人次，但这基本集中在城市社区中，即使是针对外来务工人员及家庭或流浪乞讨人员等群体的服务，也都是在城镇开展，15 个专项里面只有一个是专门的农村项目。农村社会工作项目相对缺乏，从化、花都等覆盖大部分农村地区的行政区域家综数量比市区少，社工一般因为农民接受能力有限、农村生活结构复杂而疏于针对农村地区开展服务，有的家综即使其所在辖区包括农村地区，也会因自身工作能力不足和难以打造绩效亮点等原因选择忽略和逃离农村地区。双百计划就是在这样的背景下展开的对珠三角以外的农村地区社会工作发展的补充。

除去直接接受服务的对象外，其他利益相关者（如服务对象家属、社区群众等）对服务的意见并未正式纳入评估体系，其直接结果是无法得知广大社群对社区服务的意见，难以整体评价和把握社区服务质量，更容易让服务机构陷入短时性"功能问责"的局面，失去了为机构和社区的长期磨合和整体发展而审视其"战略问责"的机会。

（三）作为最终"当事人"的委托角色不明显

目前的 POSC 一般由政府的相关部门主导整个购买过程，从提出服务需求到制定服务性质和内容，都是官方或工青妇等民间理解中的"半官方"

机构领衔的，鲜有根据社区群众或服务接受方的声音和诉求量身定做的整体服务方案，也就是说，现在的购买项目大多是政府有关部门认为需要的，很难说是群众真正需要的，"服务对象"成了静默的"服务的对象"，整个服务的制定过程都没有把他们囊括进去，从而形成了"只有政府配餐没有百姓点菜"的局面（邓金霞，2015）。作为购买方在招标时提出的一些需求，往往只是简单的指导性或经验性的阐述，当机构承接服务的时候，就算通过良好的需求评估后发现其方向不对，也很少会向购买方反映，更多是采取默认的态度。然而，许多机构本身连需求评估都没有扎实地进行，根据作者的实务工作经历，需求评估滞后的例子比比皆是，常落在机构中标、进驻社区甚至是开展服务之后，有些时候甚至是因为服务做不下去了，才回头考虑究竟群众的需求是什么，以此来修正服务开展的方向。这个时候去做需求评估有亡羊补牢的意味，但做总比不做好；反过来看，服务做不下去归根结底的原因还是没有扎实的需求评估做底子，服务都是建基在购买文件中泛泛的总结和制作标书时的简单了解之上。

比如，广州市某区妇联购买的妇女儿童专项服务项目，由于承接方与购买方的分歧、人事关系等各种原因而中途几次发生承接方更易的情况。第二个承接方机构在项目开展一年半时接手服务，本来就对项目情况和服务性质缺乏了解，加上妇联的文件只是指导性的，机构对其理解出现了偏差，在应标的时候也只能根据自己以往在妇儿服务方面的经验，就服务内容提出大的方向性的框架。这些指导框架是如何得出的，也缺乏阐述，需求调查的过程缺乏科学性，因此就出现了"机构以为的需求"和服务对象实际需求之间的差异。这样的"脱钩"导致后来的服务一度难以为继。而这个专项项目中做得比较好的几个子项目都是有比较精准的需求评估做基础的。这说明了科学的需求评估能在更大程度上让我们了解群众的最强烈的需求，而基于此制定的服务才是最适切的服务，才能体现 POSC 中服务对象作为最终当事人的委托角色。但第二个机构也因一些人事关系问题在 1.5 个项目周期后撤换成第三个机构，第三个机构服务了一段时间还未到期，因妇联对其领导层感到不满，决定中途撤换。像这样的机构变更决策，是购买方的意见占主导，由其发起变更要求，再通过公开招投标决定接手机构，于是有了第四家机构接手，它按自己的机构宗旨、特长与工作思路开展服务，原来的服务又无法继续了。在有的情况下机构也可能发起申诉，最终维持服务权，但无论是何种情况，公众都是没有任何发言权的。

此外，由于目前大部分政府购买服务仍是免费面向公众开放的，接受服务的一方容易对服务形成"亏欠"心理和依赖性，而不敢对服务作出真实全面的评价和反馈，从而削弱了接受服务方作为政府购买服务质量的最终话事人的话语权。

除了以上从整体情况的角度来思考使用者在 POSC 过程中的角色和作用的研究外，也有学者从使用者角度出发思考其话语权的实现问题，认为使用者的角色和地位与使用者自身的个体认同、社会责任意识发展成熟程度、社会整体福利水平相关，并直接影响服务质量和社会公共服务行业发展。

研究表明，有不少服务接受者不敢言说在服务过程中遭受的不公对待。Sbaraini 和 Carpenter（1996）认为这可能与服务接受者本身对生活的低期待值相关；Knapp 等（1992）则认为服务过程可能进一步降低服务接受者的自我认同，增加其无助感，有的服务对象甚至会因为本身对服务认识程度有限而对服务不抱期待，或认为其他人更需要接受服务而疏于对服务作出评价。

从机构的反馈机制看，使用者的反馈也未能被有效收集并到达决策层。原因可能包括反馈的后续工作未做好、机构工作报告刻意隐瞒或偏颇、反馈指引不清晰、非正式投诉意见未被正式收集和记录等制度性缺陷。

在广州的实践中我们也能看到，服务满意度调查表的填写情况是趋于高评价水平的。无论是单次服务的反馈与还是阶段性评估，收集到的反馈都呈现这样的特征。除了以上的分析，中国的人情社会特点也是一个较大的影响因素，人们更倾向于"给面子"、"附和"和"说好话"，同时认为即便写了真实的评价也通常得不到有效的反馈和改进，还不如不说，有时候写了如果有后续的跟进反而会更麻烦，这是官僚作风下培养出来的一种"反馈惰性"。

虽然已有不少学者开始重视 POSC 中使用者的问责角色，呼吁加强培育服务接受者参与社会治理的责任感和能力，同时改善社会大众参与评估的机制和渠道，但纵观近年相关文献和实践，关于使用者如何克服上述政策性/个体性缺陷以发挥积极的问责功能的研究尚未独立成型，有待进一步发展。

第三节　再思三元主体关系

以往文献对于政府购买服务中存在问题的论述一般都是在单个维度中进行的，如分析某类问题，或从某个主体的视角去总结。但 POSC 已发展良久，我们需要一个更全局的视角去总结。将广州的经验铺陈开，在我们面前展现出一个图景，即制度化不足、专业化不够和资金问题这三个关键问题贯穿 POSC 的前期、过程与成效反馈阶段，在购买方、承接方与服务使用者的三个层面诱发多种次生问题，制约着 POSC 的有序、有效开展。

这说明，三元主体、POSC 不同阶段与存在问题三个维度交织在一起，在不同的面向上产生了不同的影响，这种影响是"牵一发而动全身"的：从一个单一的角度并不能全面和立体地分析到底是哪里出了问题，以及为什么会出问题；一个方面的问题影响的不仅是这个方面，还可能会导致其他面向上的问题，如不能改进，则会有多米诺骨牌般的效应，导致其他问题的出现；再则，一个问题的根源可能并不像表象反映的那样，而是在于其他方面，如不追溯清楚则如一团乱麻，无法理清原因。

我们可以尝试将三个维度不同面向上的问题归纳一下，列出表 3-2。第一列为三元主体，即服务购买方（本处表示为 G）、服务承接方（本处表示为 C）与服务使用者（本处表示为 S）；第一行为问题，即上文所总结的制度化（Institutionalization，本处表示为 I）、专业化（Professionalization，本处表示为 P）与资金（Funding，本处表示为 F）三大主要问题；中间的"阶段"表示的是本书开篇笔者提出的 POSC 前期（本处表示为 1）、过程性（本处表示为 2）与成效反馈（本处表示为 3）三类阶段性问题。

表 3-2 政府购买服务问题一览

问题 阶段 主体	制度化 I	专业化 P	资金 F
服务购买方 G	GI -缺乏长远规划 GI1 -指导文件模糊，缺乏细节 GI2 -部分规定不合理 GI1 -购买程序难以规范 GI1 -监督易出漏洞 GI3	GP -社会组织薄弱，招标选择有限，没有充分竞争 GP1 -政府定位模糊 GP1 -行政干预多 GP2 （如形式性购买、政府强权、嵌入发展、政府与民间组织的角力与矛盾等） -评估"定终身" GP3 （如评估标准不一、评估作为唯一管理与约束方式、社会服务难以量化等）	GF -POSC 目前较为低效 GF3 -资金短缺 GF1 -拨付方式不合理 GF2 -有管理漏洞 GF2
服务承接方 C	CI -有问题时缺乏指引 CI2 -缺乏管理经验与规章制度 CI1/2 （如理事会制度执行有限 CI2、POSC 项目制与社会工作理念和社区发展规律不符 CI1、POSC 时效性与实际工作情境有冲突 CI2 等）	CP -人力资源短缺 CP2 -流失率高 CP2 -招投标过程缺乏专业人员 CP1 -专业性、职业化程度低 CP2、专业支援少 CP2 -应对评估压力大，服务以评估为指挥棒 CP3 -社工职业发展前景不明朗 CP3	CF -经费不能即时到账 CF2 -资金来源较单一，不稳定 CF1 -税收政策 CF1 -社工薪酬低 CF2 -服务"急功近利" CF3
服务使用者 S	SI -对 POSC 缺乏了解与信任 SI1/2	SP -服务覆盖不均匀，尤其是农村社会工作 SP2 -扩大的利益群体未能被纳入评估体系，难以把握社区服务质量 SP3 -作为最终委托人的角色不明显 SP1/3 （如需求未能被精确反映、疏干评价或评价未能有效到达决策层等） -反馈意愿低，反馈未能有效到达 SP3	SF -接受的服务质量无法保证 SF2 -对社工工作的认识与理解 SF2 -对社会工作的角色影响 SF3 -信任关系较难建立 SF1/2

2/3

　　纵向看表 3-2 可发现，制度化、专业化和资金的问题并不是相互独立的，而是相互纠缠、相互触发的，将三元主体紧密地捆绑在一起，一处问题如处理不好则容易向不同方向扩散，比如，制度化不足不仅使购买方遇到问题，也会造成承接方的困难，最终导致服务使用者的感受与体验出现偏差。这种链条与因果关系同样出现在专业化不够与资金问题上，例如从资金这一栏来看，服务购买方在资金拨付和管理方面表现出的犹豫，直接导致承接方在开展服务时面临资金短缺、急功近利等问题，而购买方和承接方之间对资金问题的割据争夺，会导致服务使用者所受服务质量下降和对社会工作的误解，反过来也影响购买方购买更多社会服务的意愿。从横向来看，每个主体都会在不同面向上受到不同问题的影响，如服务使用者，虽其与制度的制定和专业的发展没有直接关联，但同样会受到制度化不足、专业化不够和由于资金不稳定、有时效性等带来的连锁效应的影响。从更立体的眼光来看，每个阶段性的事务中遇到的问题基本都可归纳为这三大类，即制度化、专业化与资金，细分为表中的细项，影响又体现在不同的主体上。

　　由表 3-2 我们可以看到，"购买方-承接方-使用者"的三元主体在项目过程中紧密互动，相互施加影响；制度的完善程度、购买和服务过程的专业程度和资金方面存在的不同缺陷在三个主体上均会有不同程度的反映，并在相互交错中导致问题以滚雪球式的方式呈现和恶化，最终导致服务和项目的失效。而这一切最根本和严重的影响在于损害民众对社会工作和社工的认识，影响专业的普及和推进。

　　相反地，我们可以尝试从三元主体之间的紧密关系提取解决目前政府购买服务所面临困境的对策。比如，从社工专业性方面看，如果上级政府和基层政府组织如居委会等能对社工在社区工作中的作用有更多认识（GP），社区居民对社工专业性有一定的认可和信任（SP），就可在政府-社工-居民的三元主体间建立起共同解决社区事务的行动联盟，而不是停留在相互割裂的境地。从社工制度化方面看，政府应在充分认识社工作用的基础上制定清晰指引，并配以完善的评估体系（GI）；社工则可按照政府指引设计具可操作性的介入方案（CI），同时向社区居民公开求助指南和沟通渠道，鼓励居民有事多找社工（SI）。从资金方面看，政府作为购买方应针对不同的社区事件进一步细化购买资金的用途划分和发放渠道，完善资金流通的渠道（GF），社工也可在持续的实践经验上总结出资金使用的规律，并定期向居民公布资金使用情况等（CF）。由此可见，三元主体与制度化、专业化和资金的相互关系既可在不同阶段相互制约并降低 POSC 的实际效用，也可相互促进共同提高 POSC 的效率和普及程度。

表 3-2 能为我们提供更全面的思考和分析方式，为实务分析提供快捷的索引、定位及预估。我们可以对照问题进行梳理，"侦查"其中可能的原因，整理出其内在逻辑，理解偶然事件中的一些"必然"性，提出可行对策。这样不仅能初步分析是什么原因导致了问题的发生，还可以通过不同维度和度向之间的联系了解根源所在，有路径可依，有规律可循。这是从广州的地区经验中提炼出来的一个检视实务问题及其政策根源与基层影响的思路方法。

更重要的是，它启发我们对三元主体的关系进行再思。2013 年颁布的《国务院办公厅关于政府向社会力量购买服务的指导意见》中界定了 POSC 的"购买主体"与"承接主体"，前者包括具有行政管理职能的事业单位、从事公益服务的事业单位及群团组织（范燕宁，2013：17），但在实操中第一类单位，即具有行政管理职能的事业单位及各级政府机关部门仍处于购买中的主导地位；并且，购买主体与承接主体之间的界限仍不分明，不少购买方自行组成社会组织参与承接服务，或有政府背景的人员流入竞争，竞争过程中也存在官僚主义作风与不专业的态度（范燕宁，2013：17）。因此"双主体"并未能很好地落实，而是逐渐形成了政府主导，其他类型购买者"衬托"；社会组织发展不平衡，不能百花齐放；政府机关背景的大型项目为主，其他类型的项目或专项服务欠缺的局面。服务使用者在三元主体中处于较为被动甚至被忽略的地位，双主体中实际只有购买主体的其中一类独大，无法"双足共立"，更不要说"三足鼎立"，这对于 POSC 的健康发展是非常不利的，也与 POSC 的初衷（政府下放权力、鼓励社会组织生长发展和促进公民社会成长）相违背。

这一点的根基在于治理理念——是分上下层级的监督、领导、雇佣关系，还是多元的协商共治关系，而后者又可能包括委托代理关系、合作关系或博弈关系（王名、蔡志鸿、王春婷，2014）。前者可以通过评估监测资源投入的效果，政府是评估的使用者，服务机构是评估的对象，体现了一种权力上的不对等关系；而后者则强调各自的不同角色与作用，强调更为平等的关系和各自的优势。政府应将自己视作多元主体的其中一部分，偕同社会、市场，通过建立合作网络来实现集体行为和公共管理。

不少学者指出改变政府与社会组织间关系格局的一种路径是发展伙伴合作关系（郁建兴、瞿志远，2011；梁宵，2013；王才章，2016），后者对前者的依附及前者的权力在两者的策略性互动中会得到改变，从而发挥更大的社会效益，这也是香港等社会服务较发达地区的经验（黎熙元，2014）。但在我国长期的"大政府，小社会"的行政管理背景下，政府与社会组织之间存在信任上的矛盾，前者对于后者的发展壮大，希冀与担忧并存（刘君，2012：32）。有学者在对上海社工机构的调查中发现政府对于社会组织来说是一种强嵌入，而后者对于前者则是制度与职能上的弱嵌入，使后者产生松散化、机关化、形式化的现象（唐斌，2010）。

我们认为在当前的背景下建立伙伴合作关系过于理想化，而且这种观点还忽略了三元主体中的另一只"足"——服务使用者的最终满意度。从广州的地方经验来看，POSC 发展过程实际是三元主体两两之间委托、代理、碰撞、磨合的互动过程，三者间并非简单的委托与被委托、服务与被服务，或是购买者、承接者与被服务者的上下分层的线性关系，而是一种三中心、多向、立体的轮状传动关系（图 3-2），各方的利益、责任与问题都捆绑在一起，"一荣俱荣，一损俱损"。从现实中我们能观察到，服务使用者的反馈与最终接纳度会对购买者与承接者形成一种"倒逼"，而"倒逼"力量的最终承受者为购买者本身，因此作为一类购买者的政府机关部门在 POSC 中的角色并不是单一的"监督者""购买者"，甚至是"老板"，整个 POSC 的最终目标必须是向公众提供优质的公共服务。购买者与承接者运作良好，服务使用者满意度高，对购买者与承接者信任度便高，也更具有社会责任感；反之，如运作失灵，不仅会影响服务使用者的信心与信念，损害承接者的专业形象，最终还有损购买者的公信力，因而"共生共赢"的利益共同体关系与理念更符合我国当下 POSC 的发展。

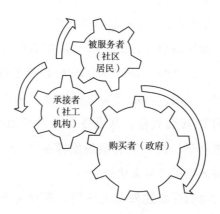

图 3-2 三元主体关系

购买主体中除了政府机关部门之外的其他主体由于其专业性对于社会某类型的需求往往有更敏锐的触觉，比如妇联对妇女儿童和家庭领域的了解、卫生疾控部门在公共卫生防疫方面的权威等，使其对需要购买的领域更有发言权。对于此类购买主体发起的专项项目应给予更大的空间，鼓励不同类型、不同大小、不同领域的专业服务发展，与已有的以政府部门为主体的综合购买项目形成优势互补。政府还要放权，赋予承接主体与使用者一定的自治权，才能逐渐发展与壮大三元主体的另两只"足"。公益性或互益性组织、行业组织、社会工作机构和私人机构等各种类型、各种性质的组织在提供公共服务方面往往比政府部门更具专业性与针对性，而且成本低、效率高，因此政府应把责任转移和让渡给私人部门和社会组织，形成不同层面上的权力中心，而非单一的统领、部署与规管，这有助于不同利益的充分满足，提升公共服务的质量和效率（于海彬，2015；郑钧蔚，2015）。

在使用者的一端，运用专业的方法鼓励、引导公民形成各种类型的自组织，基于其社会责任感与公民意识培育成熟的多元治理主体，是实现共生共赢利益共同体的重要一环。当前社会转型的背景下，政府职能与治理理念转变的大环境已极大地激发了社会热情，广州社会组织的繁荣发展便是一个缩影。其中公民意识觉醒、公民参与积极性提升是良好的开端。只有服务使用者成为自主自觉的公民而非被动的接受者，才有可能让服务效果"自我发声"，成为文字、量化评估以外的约束力量，与另外两元进行良性互动，互相监督、制约与协作，购买者与承接者的权利、义务才可能被平衡、被牵制。相应地，POSC 的成效评估应辅以其他形式的考察方式，服务目标宜分为短、中、长期，短期目标可以用评估的方式衡量，而长期目标则应更多考虑实际的社会效应，从服务对象自身的改变，从社区组织、公民社会发育程度来衡量，使其能健康地发挥在社会、社区事务中相应的作用，以达至公共服务购买的最大化效应。

从下一章开始，我们将阐述佛山的案例，看看这个毗邻广州的城市是如何用自己的方式改善政府购买中的三元主体关系的。佛山的政策开放灵活，具体做法有种"小而美"的风格，三个案例突出三个不同的特点，正好回应了不同主体在政府购买中的角色与相互关系，体现了三元主体并重的思路，与广州经验形成互补，因此将广佛的案例结合来看，对我们把握政府购买服务的走向具有启发意义。

第四章　佛山市禅城区：精准确定服务内容，构建高效政社"合伙"模式

　　佛山市作为广东省地级市，紧靠广州，辖禅城、南海、顺德、高明、三水 5 个区，全市国土总面积 3797.72 平方公里，常住人口 765.67 万人，其中户籍人口 419.59 万人。2017 年，佛山实现地区生产总值 9550 亿元，在全国大中城市中排第 16 位；工业总产值 2.4 万亿元，排名全国第 6。近年来，佛山市积极推进公共服务购买与社会组织管理体制改革，发展壮大各类社会组织，促进社会管理创新，对推进社会组织承接政府转移职能购买服务作了十分有益的探索实践。本书从第四章到第六章，将分别介绍禅城、南海和三水的三个养老服务的项目规划，希望展示在构建健康三元主体互动关系的理念之下应如何设计服务，使之贯彻使用者利益最大化与多方协作互利的原则。

　　佛山市三区基本情况如表 4-1 所示。

表 4-1　佛山市三区基本情况①

区划	面积 （平方公里）	户籍人口 （万人）	60 周岁及以上 老年人口（万人）	地区生产总值 （亿元）
禅城区	154	68.24	13.69	1855.06
南海区	1074	147.81	25.04	2809.09
三水区	874	42.33②	8.07	1227.96

---

①　数据来源：除三水区户籍人口外，数据来源于各区 2018 年国民经济和社会发展统计公报。

②　由于三水区 2018 年户籍人口数缺失，因此此处是 2017 年户籍人口数统计。

禅城区位于广东省中部，珠江三角洲西北端；邻近广州市、深圳市，是佛山市的政治、经济、文化中心，截至 2018 年 12 月，禅城地区生产总值 1855.06 亿元。与经济综合实力同步增长的是禅城区的老年人口，截至 2018 年底，禅城区户籍人口 68.24 万，60 岁以上户籍老年人 13.69 万，占户籍人口总数的 20.06%。禅城为主动适应老龄化进程加快的新形势，精准把握养老服务新需求，率五区之先制定养老设施的专项规划，由民政部门联合规划部门于 2015 年底启动编制。与此同时，禅城区致力打造首个高标准、信息化、智能型的区级居家养老服务中心。更为重要的是，在养老服务事业的规划上，禅城区积极引导社会资本参与，改变过往由政府一手操办的局面，而是让政府在其中发挥制定大的政策框架和原则的作用，由养老服务机构、家庭综合服务中心、各类志愿团体、各类养老机构、市场组织等共同参与，充分地激发社会资本和社会主体的主观能动性，发挥各自优势，形成良性运作的养老服务系统。而社会资本参与养老服务的热情，一方面来自养老服务市场的巨大吸引力；另一方面，针对民办、公办不同性质的养老机构，禅城区先后出台了《禅城区民办社会福利机构资助试行办法》《禅城区养老服务机构建设补助试行办法》，给予床位补贴和运营补助，引导和推动社会资本进入养老事业。

南海区地处珠江三角洲腹地，东连广州市芳村区、番禺区，南接顺德区、鹤山市、新会区，西邻三水区、高明区，北邻花都区，环抱佛山禅城区。截至 2018 年底，南海区地区生产总值为 2809.09 亿元，比上年增长 6.2%。在人口方面，南海区户籍人口为 147.81 万人，60 周岁及以上老年人口为 25.04 万人，占户籍人口的 16.94%。在经济快速发展的同时，南海区大力推动养老服务事业的发展，积极吸引社会、市场力量共同参与，并于 2017 年建成智慧养老信息化服务平台。在居家养老服务方面，于 2007 年通过政府购买服务的方式试点居家养老上门服务工作，并于 2010 年 4 月全面铺开。在社区养老服务方面，南海区于近三年投入了近 3000 万元推进社区养老示范点建设，建设南海社区幸福院。目前已有 14 个五星级的社区幸福院建成营运，其中桂园社区及福利中心的长者日间照料中心为广东省第一批居家养老服务示范单位。在机构养老服务方面，为吸引社会资本、鼓励民办养老机构设立，南海区政府出台了《佛山市南海区民办养老机构扶持管理办法》（南府〔2015〕46号），加大了对民办养老机构的资助力度，符合条件的新增养老床位最高可达到每张床位22500元资助金额。

三水区位于广东省中部，佛山市西北部，截至2018年12月，三水区地区生产总值为1227.96亿元，比上年增长7.5%。而在人口方面，三水区2018年60周岁及以上人口共80726人，较上年的77398人增长了4.3%。作为粤港澳大湾区中唯一的"中国长寿之乡"，三水区政府一直关注老年服务发展，在全省率先发放"高龄津贴"，并在2015年的"银龄安康行动"①中主动"提标"，在佛山各区之中率先将这项"福利"覆盖全区所有60周岁以上的户籍老人。然而，与禅城区、南海区相比，三水区的城乡差距更显著，城市型社区与农村型社区在养老服务需求上呈现很大的差异性，因此在养老服务体系的发展上面临很大的难题。近年来，三水区努力搭建社工组织服务平台，尝试引入社会组织的力量共同推动养老服务的发展。

随着医疗水平的进步、生育率降低、人均寿命延长等社会和人口结构的转变，我国的老年人口大幅度增加，应对老龄化问题已经成为社会治理中最重要和最关键的一环。我国的人口老龄化增速快、规模大，高龄、失能老人增长快，农村老龄问题突出，以及老年人家庭空巢化、独居化加速。

过去，中国人"以家为天下，躲进小楼成一统"，家庭承担了老年人赡养中的主要责任。然而随着人口流动加快、"四二一"家庭结构的出现以及家庭观念的逐渐转变，传统家庭养老功能衰退，而养老需求日益呈现多样化、差异化、个性化的特点，对当前的养老体系提出了更高的要求。

然而，目前我国的养老服务依然停留在基本公共服务的层次，只是体

① "银龄安康行动"是广东省于2014年启动的老年人意外伤害综合保险项目，当时要求至少覆盖80周岁以上的老年人。

现了"保基本、兜底线"的作用。养老在很大程度上是一种"自上而下"推行的公共服务，覆盖的人群大都还是生活困难、需要救助的老年人，服务模式还停留在政府埋单的阶段，市场化的养老服务非常滞后。此外，老年人对社区养老和居家养老服务①的知晓率相对较低，许多老年人并不知道社区有什么资源，能够提供什么服务，很大程度上影响了养老事业的发展。可以说，中国将要面临的不仅仅是老年人口膨胀的问题，而是更为复杂和多样的养老现状和压力。

这要求政府创新改革，因地制宜，制定更为有效的养老政策，以缓解老龄化带来的压力和冲击。而本书选取的案例所在地禅城区、南海区、三水区，老龄人口占比均超过全国 16.7% 的水平，面对不断提高的老龄化水平，为了更好地推进养老服务事业的发展，三个区在充分考虑老年人需求的同时，将社会组织的力量纳入解决问题的方案中，双方合作构成了养老服务的中坚力量。

我们将按照"案例背景—需求分析—服务规划—案例总结"的逻辑对三个案例展开论述，重点在于突出政府与社会组织应如何摸清使用者需求、如何运用社会组织的专业性来满足需求。我们可以看到不同政府面对不同的情况需要不同的思路，但无论通过过什么方法，最终目的都是使用者利益最大化。

本章介绍禅城区政府购买养老服务的案例。禅城区政府拟通过筹办一个区级的养老服务中心来实现全区的养老服务统筹与有效供给。与单个的养老服务项目不同，这要求把握全区的老龄化情况与整体性需求，并找到有资质和相应能力的服务承接者，找准养老服务中心的运作方式，精准确定服务内容，并找到合理的、能使服务持续、能为满足使用者利益提供最大动力的购买模式。

---

① 养老服务可分为正规照护与非正规照护。正规照护指由专业受聘的人士提供的服务。非正规照护指由家人或亲属提供的照护。前者又称社会养老，在中国主要有三种形式，分别是居家养老、社区养老与机构养老。后者又称家庭养老，亦即在家养老。

第一节 案例背景

一 禅城区老龄化状况

禅城区是典型老城区，老龄人口压力大，尤其是石湾街道与祖庙街道，特殊的历史文化背景使其人口老龄化问题与养老服务需要的巨大压力愈显突出。具体来说，禅城区祖庙街道经行政区划调整，由原环市、普君、升平、祖庙 4 个街道整合而成，基本上是佛山古镇区域（佛山初地），也是市委、市政府所在地，是佛山市的政治、文化和经济中心，也是全国管辖人口数量最多的特大镇建制行政区域。首先，祖庙街道面临人口老龄化、高龄化，截至 2015 年底，祖庙街道共有老年人 66835 名，占总人口的 23%，而相比之下，全国目前的老龄化程度统计口径——2016 年 4 月国家统计局发布的《2015 年全国 1% 人口抽样调查主要数据公报》显示，我国 60 岁及以上的人口为 22182 万人，占全国总人口的 16.15%。足见祖庙街道的老龄化程度已经远高于全国标准。其次，老年人的高龄化表现得更加具体，80 岁以上的老人有 10108 名，占老年人总数的 15%。从老年人分布情况来看，祖庙街道集中了禅城区 60% 的老人，老年人口最为密集，因此，如何解决老龄化带来的一系列问题，提供更为优质的养老服务成为祖庙街道的重要任务之一。禅城区石湾街道经行政区划调整后，由原石湾、澜石和城南三个街道整合而成，行政区域包括原石湾镇街道沿季华路以南部分以及原澜石和城南街道的区域，早在 2015 年 8 月，其 60 周岁及以上老年人已冲破 24000 人大关，老龄化水平达到 15%，远超 10% 的标准。由此可见，无论是祖庙街道还是石湾街道，都面临着老龄化程度高所带来的养老服务发展问题。同时，作为佛山市政府所在地，禅城区还有在社会服务方面的示范带头需要，政府需利用资源做好统一规划，以一个合理、高效的方式来满足使用者需求。

为此，2015 年区政府邀请了笔者团队对区内老龄化现状、养老服务状况展开调研并规划设计相应的社会服务。我们首先对区内老年人口状况进行了解。由于祖庙街道老年人口占全区老年人口的 1/2，具有相当的代表性，且受数据限制，调研组只能获取禅城区老年人口的部分数据（缺 50～60 岁老年人口数据），因此选择了祖庙街道作为典型代表来了解全区的老龄化特点。我们发现，禅城区的养老压力主要体现在以下几个方面。首先是老龄化程度高，前文提到祖庙街道老年人口占总人口的 23%，远超全国 16.15%的老龄化程度；其中 80 岁以上的老人有 10108 名，占老年人总数的 15%。其次，享受居家养老服务的老年人数量相当少，仅占老年人口的 5.9%，且只覆盖了部分高龄及困难老人。其中，60～79 岁的服务对象只有 185 人，占受服务老年人总数的 4.6%，覆盖范围不足且不均。这意味着祖庙街道居家养老服务仅勉强覆盖了传统民政对象，即高龄及困难人口，无法顾及其他老年群体，自费市场亦未打开，绝大部分老人仍依赖于传统的家庭养老，家庭负担沉重。这种养老现状在禅城区石湾街道、张槎街道及南庄镇也相当普遍。通过祖庙街道的数据，我们可以一窥禅城区的养老压力及养老服务全貌。

已有研究显示，老年人口数量与经济发展、生育率、自然增长率等多个人口指标息息相关（于学军，2003；王志宝等，2013；保罗·舒尔茨，2005；陈卫，2006；郑伟等，2014）。部分人口统计学研究通过多项自变量建立数学模型，预测老年人口增长。由于数据资料、时间等因素的限制，我们的调查采用了最直接简单的趋势外推平均法，根据祖庙街道 2013 年至 2015 年的人口老化趋势（图 4-1）来预测 5 年内祖庙街道的老龄化程度[1]，这个趋势为我们预计禅城区的情况提供了参照。

据推算，到 2016 年底，祖庙街道 60 岁以上老年人将达到 7 万人，占总人口的 24.24%。到 2017 年，这一比重会突破 25%，2020 年，祖庙街道 60 岁及以上老年人口将达到 8.2 万人，占户籍人口的比例高达 29.04%（图 4-2）。可以说，与全国的数据相比，祖庙街道面临的养老形势将更加严峻，主要表现在本地居民中老年群体的绝对数急速膨胀，其所占的人口

---

[1] 因无法获得禅城区全区数据，我们采用了祖庙街道的数据以窥全貌。另，2015 年二胎政策实行，一定程度上改变了新增户籍人口总数，因此对老龄化也有稍微影响。但未来石湾街道 60 岁以上户籍老人总数增长不会受太大影响。

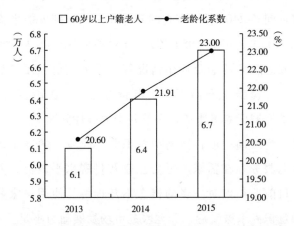

图 4-1　禅城区祖庙街道 2013~2015 年人口老化趋势

比例快速上升。祖庙街道老年人口比例占禅城区老年人口的一半，其严峻的老龄化趋势也预示了全区即将面临的严峻问题。由于本街道劳动年龄段人口比例的相对下降，祖庙街道在未来十年极有可能需要依靠街道外的劳动力来补充本街道养老服务人力资源的不足，这也是禅城区未来养老部署须注意的一个问题。

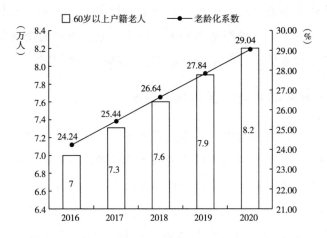

图 4-2　禅城区祖庙街道 2016~2020 年人口老化趋势

2016 年 5、6 月间我们用问卷调查的方法对该区的养老服务状态进行摸底，共发放普查问卷 2400 份，调查问卷 763 份，甄别失能半失能老人 1370 名（其中石湾 281 名，祖庙 1089 名），并对禅城区老年人的经济水平、身体健康状况、养老服务意愿及使用情况等一系列问题做了摸底调研。问卷按老年人口比例，覆盖了石湾街道、祖庙街道、张槎街道及南庄镇四地。调研结果显示了禅城区养老服务存在的几个关键性问题。

第一，服务需要高，但自费购买意识弱。禅城区的老年人对居家养老服务及社区养老服务存在需求，付费意愿及付费水平较高，养老服务市场潜力巨大。但目前老年人对二者的概念不甚理解，使用居家养老服务及社区养老服务的意识尚未被唤起，养老服务市场发展动力不足。

第二，服务提供零散。现有的养老服务体系并不能回应和满足老年人的服务需求，社区养老覆盖面不足，居家养老服务欠缺。

第三，养老服务的需求与供应缺乏平台链接。由于缺乏实用的养老服务需求反馈及服务递送体系，养老服务存在需求难以被听到、服务递送困难的双重弊端。因此，养老服务机构成长空间不足，发展缓慢。

总而言之，禅城区老年人对居家养老及社区养老服务的需求是切实存在的。从总体上看，本地老年人的收入水平较高，具备相当的购买能力，也就是说在购买渠道畅通、服务提供充足的情况下，老年人的服务需要可以顺利转化成需求，养老服务市场潜力巨大。但就当时的情况来看，购买平台的缺乏及服务供给的有限，限制了这一目标的最终实现。

二　政府购买养老服务的基本情况

禅城区政府向社会组织购买养老服务主要涉及三类行动主体：老年人是最终的服务使用者；禅城区政府为服务购买者，街道和社区居委会作为政府职能延伸的执行者，同样被当作服务购买者；服务承接者有社会组织与社会实体两类，社会组织是指不以盈利为目的的民间社团，它可以同时提供无偿和有偿服务，而社会实体则是指以医院、学校等为代表的事业单位和以超市、商铺、饭店、修理行等为代表的具有企业性质的盈利实体。

　　禅城区政府以往向社会组织购买养老服务主要通过项目申请制，即以老年人的需求为基本导向，由政府部门面向社会以公开招标的方式，以政府预算投入和社会融资为资金来源，以专项资金管理方式支出，由社会组织制定严格的符合购买方实际的项目书，对政府购买的项目进行投标并接受评估，最终选出符合要求的组织成为承接者。此外还有以居家养老服务中心为平台的会员制服务。居家养老服务中心根据不同老人的不同需求和条件，提供不同类型的无偿和有偿服务。其中，政府通过居家养老服务中心为符合政府资助条件的老年人提供完全免费的福利服务，具体流程为：填报《祖庙街道居家养老服务政府补贴申请表》→所属（村）居委会核实调查加具意见→街道社工局审批加具意见→街道居家养老服务中心审核安排。而对于具有一定经济能力的老年人，主要通过"个人购买服务"的形式，由个人自愿选择服务项目，提供收费服务。

　　禅城区一直非常重视养老问题，早在 2012 年区政府便以安老养老为服务切入点成立了首个养老服务类的社会组织孵化基地，旨在打造包括政府购买服务、公益招投标、社工督导、社区实践、企业合作、学术研究等资源共享的平台。每年人社部门、医院等都会组织行业护理人员培训，课程包括社会服务机构申办程序、社会服务机构的战略规划与战略管理、社会服务机构的人力资源开发管理、项目管理与开发、社会服务机构的财务预算与财务管理、社会服务机构的制度建设与贯彻执行、社会服务机构的服务管理与成效评估等，通过统一培训，减轻社会组织的负担，提升其服务能力。

　　后来部分街道开始采取"社区综合服务中心+养老服务社会组织孵化基地"的"两条腿"走路的形式，深入引导社会组织发展，服务社会建设。2015 年禅城区出台了《养老服务设施布局专项规划（2015—2025）》，明确禅城区的养老模式为"居家为基础、社区为依托、机构为支撑"，并对禅城区养老服务设施的配置标准及布局、老年人的需求预测作出了相应的规划和预测。这为禅城区发展养老服务提供了良好的政策支持，由此进入了全面推进社会力量参与养老服务供给的时代。

第二节　政府向社会组织购买养老服务的
需求分析

由此可见，由政府统领作出统一规划，是禅城区养老服务从散漫走向整合的重要一环。在此背景下，禅城区政府欲整合政府购买与政府补贴服务，5 年内将禅城建成养老服务示范区。在养老服务中，除了由政府向民政对象提供的免费服务，以及由志愿团体提供的志愿服务这两类服务外，还有低偿服务以及由社会服务机构提供的自费服务两个发展方向。从无偿的兜底服务及志愿服务到低偿服务及自费服务，是社会服务持续发展的必要路径，但在当前的社会环境下，公众对有偿服务的接受度还很低。因此这两类服务是否可能实现，取决于这些服务是否切合本辖区老人的实际需要，收费水平又是否在可接受的范围之内。为达成政府的目标，禅城区政府委托调研团队对区内 16 个村居进行了抽样调查，以充分了解居民的养老需求。

一　老人的"需要"、"想要"与"需求"

需要，英文是 need，在社会服务的语境中，它指的是一种对服务的客观需要。例如一个中风卧床的高龄老人，从居家清洁到个人清洁的服务，对于他而言都是一种客观需要，与其是否能支付无关。相应地，对于一个刚刚退休早上去喝早茶、晚上去跳广场舞的老人而言，上述服务就属于享受型需要，并非客观需要。

想要，英文是 want，在社会服务的语境中，它指的是希望获得某种服务的感觉，至于这个服务是否必需并不重要，可视为主观需要。同样用上面的例子来讲，一个刚退休仍然腿脚灵光的老人，在没有照顾其他家人压力的情况下，他仍希望拥有前述服务，就是典型的"想要"。

需求，英文是 demand，任何需要或想要，无论刚性如卧床老人的护理需要，还是以家政服务为主的改善型或享受型服务，均须以支付能力作为支撑，才能把需要转变为经济意义上的需求。当需求产生，并能在平台上找到相关服务的供应者，服务交易才会发生。

　　按照前述定义，"需要"型的养老服务指的是为身体失去某种功能的老人提供的服务，如替代生活自理的家政服务、改善身体失能状况的康复护理等。祖庙及石湾街道的普查数据显示，两条街道共有896名全失能老人与474名半失能老人，合计1370人（其中石湾281人，祖庙1089人），失能老人数量及性别分布状况如图4-3~图4-5所示。

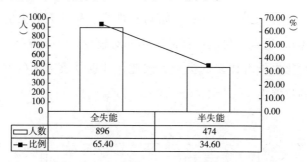

图4-3　禅城区（石湾街道及祖庙街道）老年人失能状况统计

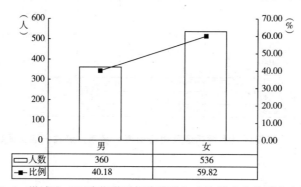

图4-4　禅城区（石湾街道及祖庙街道）全失能老人性别分布状况

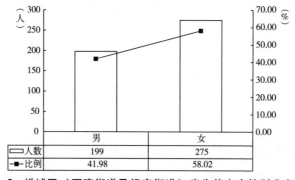

图4-5　禅城区（石湾街道及祖庙街道）半失能老人性别分布状况

我们发现禅城区老龄群体具有以下三个主要特点。

1. 失能者，无论是半失能还是全失能，均以女性为多。由于女性平均寿命高于男性，多数情况下男性在出现失能状况时可以得到女性照顾，但女性失能之时，很可能已经丧偶。换言之，基于身体失能而产生的养老服务需要，应重点以年迈女性为对象。

2. 在进食、个人卫生、穿衣、如厕及排泄、移动五大失能类型里（图4-6~图4-10），进食对失能群体的影响相对较少，这是唯——项半失能群体受影响程度比失能群体多的类型。因此，辅助饮食方面的服务需要可放在比较次要的位置上。

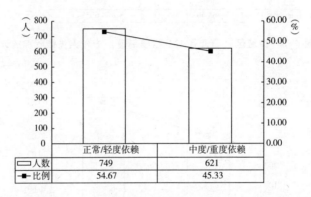

	正常/轻度依赖	中度/重度依赖
人数	749	621
比例	54.67	45.33

图4-6　禅城区（石湾街道及祖庙街道）老年人进食失能状况统计

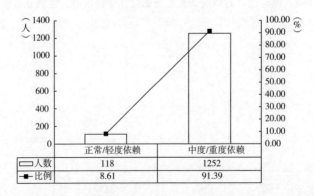

	正常/轻度依赖	中度/重度依赖
人数	118	1252
比例	8.61	91.39

图4-7　禅城区（石湾街道及祖庙街道）老年人个人卫生失能状况统计

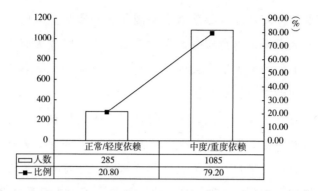

图 4-8 禅城区（石湾街道及祖庙街道）老年人穿衣失能状况统计

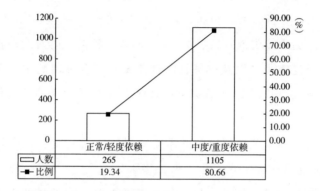

图 4-9 禅城区（石湾街道及祖庙街道）老年人如厕及排泄失能状况统计

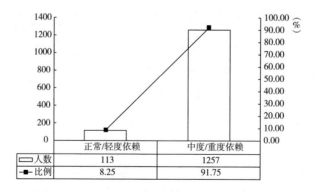

图 4-10 禅城区（石湾街道及祖庙街道）老年人移动失能状况统计

3. 五大失能类型中，个人卫生和移动失能这两项呈现全失能人数远多于半失能人数的状况。这说明本区的失能老人普遍处于长期卧床的状态，无法参与必要的社交活动，心理状态将因此受到影响，继而严重影响生活质量。为失能老人提供出行服务的潜在需要巨大，应成为服务开发设计时的首要考虑。类似的个人卫生失能比例高，也意味着在居家养老服务中增设上门的相关辅助服务非常重要。

通过对所有社区失能老人绝对数的排序，我们发现，祖庙街道的失能老人远多于石湾街道，失能老人数量最多的前20个社区，几乎全部都来自祖庙街道，只有一个来自石湾街道（图4-11）。通过观察失能老人的社区分布，可将禅城区划分成三种类型。第一类是失能老人总数在30人或以上的社区，可称之为高度失能社区，通过普查我们发现此类社区共10个，除惠景社区在石湾，其余皆在祖庙；第二类是失能老人数量在15人到29人的社区，可称之为中度失能社区，共31个，分布较散，既有老旧社区，也有花园社区这类住宅小区以及季华社区这类城乡结合突出的中大型社区；第三类是失能老人总数在14人或以下的社区，共39个，可称之为低度失能社区，主要是近十年来新建的住宅小区。

可以预见，禅城区的养老服务需要会以梯次式呈现，首先是最多失能老人的10个老旧社区，然后是"第二梯队"的31个社区，更多地需要会在未来十年不断出现。因此，在规划养老服务时，除了强调服务供应必须满足服务需要，还需考虑有步骤地将服务输入最有需要的社区中。

在评估完客观需要之后，我们分析了禅城区老人的"想要"，即他们的主观需要。在这方面，问卷调研主要看两点，第一是在机构、社区及居家三种类型的养老服务中，老人的偏好如何分布；第二是老人对不同服务类别的喜好排序。结果发现，禅城区老年人中有67.14%希望维持现时的养老状态，在希望改变现状的群体中，有15.49%选择居家养老，14.55%选择机构养老，12.21%选择社区养老。

如果把居家养老与社区养老这两种相互补充的类型结合来看，有27.7%的老人希望在不改变居住环境的情况下获得更多服务，远高于明确表示要入住养老院的群体。可见，社区与居家养老更符合老人的愿望。

在不同类别的养老服务之中，老人较希望获得的是家居清洁（11.15%）与做餐/送餐（9.39%）服务，老人普遍有肢体疼痛与一些慢性

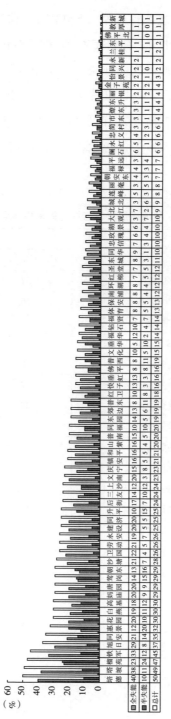

图 4-11　禅城区（石湾街道及祖庙街道）各社区失能老人分布

病的困扰，因此明确提出想获得按摩（5.48%）、监测血压血糖（7.24%）等服务的老人也有较高的比例，详见表 4-2。他们对作为非基本生活必需的按摩服务的期望与需求反映了这些低偿或自费服务的潜在空间。值得一提的是，调研组在设计问卷时，根据日常生活观察、访谈、文献资料与现实情况，尽量丰富服务类别，使老人有更多的选择，同时在进行问卷调查与老人聊天的时候了解他们对服务的想象，获取到的有用信息也被记录下来供日后参考。

表 4-2　禅城区居家养老服务需求内容项目

服务类别	详细内容	响应	
		N	百分比
基础性服务	家居清洁	57	11.15
	个人清洁	16	3.13
	做餐/送餐	48	9.39
	陪护外出（日常活动、就医等）	17	3.33
	代办购物	15	2.94
基础护理	生命体征观察	19	3.72
	饮食护理	20	3.91
	排泄护理	15	2.94
治疗护理	协助服用药物	16	3.13
	协助使用器具	15	2.94
	协助收集送检老年人标本	12	2.35
	协助体位转移	13	2.54
	协助康复训练	14	2.74
医疗保健	按摩	28	5.48
	理疗灯	18	3.52
	监测血压血糖	37	7.24
精神慰藉		10	1.96
紧急援助	协助急救等	10	1.96
其他		2	0.39
都不需要		129	25.24
总计		511	100

二　禅城区的支付能力

2016 年以前，我国社会保险制度中尚未设立长期照料险，因此在城镇工作并退休的绝大多数老年人只能通过退休金、积蓄或儿女资助来为养老服务埋单。禅城区的情况也是如此，由于它的原农村社区不多，因此在南海区或顺德区部分镇街风行的通过丰厚的土地分红来支付养老服务的做法，在禅城区难以实现。

在调查中我们发现，拥有职工医保及职工养老保险的老人往往会动用积蓄和退休金这两笔钱来抵御医疗开支与养老开支——积蓄主要是用来抵抗不可预期的医疗风险，退休金是购买养老服务的唯一来源，也是日常开支的来源。因此，退休金水平的高低客观上决定了本区老人购买养老服务的能力大小。由于缺乏全区数据，我们使用了祖庙街道的数据来阐述这个问题（表 4-3）。

表 4-3　禅城区祖庙街道老年人各年龄段退休金平均值

年龄段（岁）	人数（人）	退休金平均值（元）
50~60	21362	2221.67
60~70	29286	2802.49
70~80	13069	2975.5
80~90	5121	2904.57
90 岁以上	539	1938.02

数据反映，祖庙街道人均退休金最高的是 70~80 岁组，其次是 80~90 岁组，再次的是 60~70 岁组，50~60 岁组的退休金仅高于 90 岁以上的，90 岁以上的超高龄组平均退休金不足 2000 元。结合当前的退休制度与禅城区（祖庙街道）群体现状，调研组认为数据说明了以下几个问题。

首先，女性寿命比男性长而女性的退休工资比男性低。我国退休制度允许女工 50 岁、女干部 55 岁退休，男性一律 60 岁退休。因此 50~60 岁这个年龄段的均值主要反映的是本街道女性退休时的退休金水平。退休金均值在 80 岁，尤其 90 岁后显著下降，正好说明了女性丧偶后的经济状况。

其次，对养老服务有刚性需要的是丧偶女性。由于女性平均寿命较高，而丈夫年龄又往往大于妻子，因此大多数家庭都会出现男性先于女性辞世的情况。

我们认为居家养老服务的重点服务人群应是 65~75 岁，夫妻双方都健在，但其中一方（主要是男性）出现失能状况的老人家庭。如果丈夫辞世前出现失能情况，主要是由妻子照料，家庭外力量提供的养老服务只会以辅助补充的姿态出现。我们在调研中了解到，这类型的家庭几乎不会考虑机构养老，他们是社区养老与居家养老的主要需求者。丧偶女性进入晚年失能状态时，由于没有照料的配偶，家庭外力量提供的养老服务就更可能以主力姿态出现。与养老服务实证研究相适应的是，此时女性最可能选择养老院（郭继，2002；左冬梅等，2011；王广州等，2013）。

根据退休金数据的提示，我们认为禅城区的机构养老床位费人均价格上限应控制在 2000 元，分区来看的话，石湾比祖庙更有能力支付较高成本的机构养老服务，因此综合来讲人均可支付上限介于 2000 元~2500 元（图 4-12）。

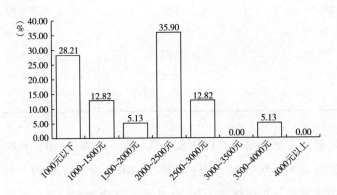

图 4-12　禅城区机构养老服务购买力

对于社区及居家养老服务，如果用人社局的退休金均值分析，含基本伙食的人均月费上限为 2800 元，夫妻档为 5600 元；如果用问卷获得的数据分析，居家养老的中位数在 500 元或以下，社区养老则以 500 元左右为中位区间，亦即大多数老人愿意或能够承受的购买这两类服务的月开支必须控制在 700 元以下（图 4-13）。如果用 2800-700＝2100 元，可见当丈夫在世时，夫妻档家庭的人均月开支约为 2000 元左右，男性的退休金或能部分补贴女性退休金的不足。而购买社区养老服务方面的支付能力呈两极化分布（图 4-14），接近三成半的老人希望能在 300 元以下解决问题的同时，也有超过四成的老人愿意花较高价钱享受更好的社区养老服务，此类意愿的中位数为 1000 元，这个群体将是社区养老服务中的低偿及自费项目的主要目标群体。

值得一提的是，禅城区居家养老政府购买服务补贴标准较低，与兄弟区相对比，差距明显（表 4-4 显示了各区的补贴标准），在很大程度上限制了本区老人的服务购买力，也在一定程度上限制了居家养老服务的质量，使得老人所接受的服务仅限于基础的、简单的项目如家居清洁，无法拓展到更高的层次。换言之，禅城区受限于服务补贴标准，居家养老服务最终变成了家政服务，难以实现居家养老服务提供的初衷。

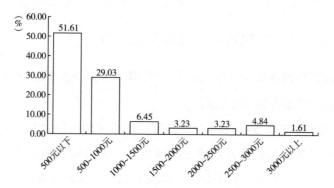

图 4-13 禅城区居家养老服务购买力

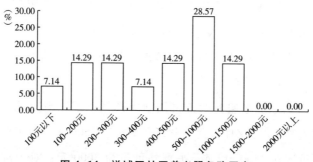

图 4-14 禅城区社区养老服务购买力

表 4-4　佛山市各区居家养老政府购买服务补贴标准

地区	时间	A 类/全额资助	B 类/半额资助	C 类
南海区	2007~2015 年	300 元/人/月	200 元/人/月	
	2016 年始	500 元/人/月	400 元/人/月	300 元/人/月
顺德区	2014 年前	440 元/人/月	220 元/人/月	
	2014~2016 年	534 元/人/月	267 元/人/月	
	2016 年	610 元/人/月	305 元/人/月	
禅城区	2014 年前	300 元/人/月	200 元/人/月	
	2014 年至今	350 元/人/月	260 元/人/月	150 元/人/月
三水区	2012 年至今	400 元/人/月	200 元/人/月	
高明区	缺			

三　从调查中获取购买养老服务的思路

汇总调研组的各项调研信息后，我们得出了以下结论，希望成为禅城区政府设计养老服务的基本依据。

1. 免费与志愿服务应重点覆盖丧偶且开始出现失能状况的中高龄女性群体。她们退休金水平低，且缺乏配偶照料，很可能会以养老院为最后归宿。由于支付能力有限，这个群体难以支撑起中高端的机构养老产业。

2. 低偿与自费服务的重点开拓对象为夫妻均健在且年龄在 65~75 岁的家庭，男性健在且通常有高于女性的退休金，但失能会限制其社交活动，相应花费将减少，因此有一定的经济能力和需求来购买社区及居家养老服务，服务类别应同时包括生理上（如康复护理）和心理上（如心灵慰藉）的照护，以改善其生活质量。

3. 社区及居家养老服务的价格规划应遵循以下原则：对于较低收入的家庭，应以人均 700 元/月为宜，夫妻档不超过 1500 元；对于较高收入的家庭，人均可设置在 1500 元/月，夫妻档可设为 3000 元；对于富裕家庭，可以尝试推出少量高于这个水平的服务，以满足高端群体的需要。但为稳妥起见，必须小范围、小规模、逐步试水。

4. 服务拓展要讲究轻重缓急。养老服务向各村居推广的过程中，应遵循"梯次袭来"的分析，有意识地把工作重心放在已经出现尖锐养老需要与服务提供矛盾的高度失能社区，其次为中度失能社区做好准备工作，在有余力的情况下再关注低度失能社区的需要。

5. 政府需要适当提高居家养老服务补贴标准，将政府购买的居家养老服务从简单的家政服务拓展到照料服务、医疗保健服务等更高层次的服务，同时提高服务质量，真正回应老年人最切实的需要。

第三节　禅城区政府购买养老服务的规划

调研组根据这些基本思路进行了禅城区政府向社会组织购买养老服务的规划，重点将放在回应服务使用者的需求上，并以此为根本，调节购买者与服务承接者间的关系，使之有一个积极与良性的结合，最终更好地服务于大众利益。

一　规划方向及原则

政府第一个阶段的工作是搭建线上及线下平台，重点解决老年人的养老服务供给问题。第二阶段可引入有偿及志愿服务。第一个阶段的关键任务是通过购买服务解决养老服务需求与提供之间的信息不畅及服务供给不足所产生的一系列养老问题，为日后有偿及志愿服务的提供做好铺垫工作。

因此，禅城区政府应在三个大方向上做出努力：一是为养老服务提供软件支持，即搭建服务需求方及提供方之间的交流平台，降低交流成本，挖掘养老服务市场蕴含的潜力，同时为机构成长创造空间；二是建造实体的社区养老服务中心，配备具有针对性的服务设施，引入高质量的社工及康复治疗师等专业人才，为禅城区社区养老服务提供硬件支持；三是设立第三方平台，主要是制定相关的服务程序和标准规范，并对提供服务的机构进行准入审核和服务监督，以确保服务提供的质量和平台的有序运行。

规划的总体原则有如下四条：一是政府引导，全社会共同参与；二是公益性及营利性并行；三是社区养老服务与居家养老服务相结合；四是将养老服务信息化放在战略性位置。

（一）政府引导下各社会组织和市场共同参与

这意味着养老服务的运作和监管并非由政府一手操办，而是在政府制定的大框架、大原则下，由养老服务机构、家庭综合服务中心、志愿团体、养老机构、市场组织等共同参与，充分发挥主观能动性，利用各自优势形成一个良性运作的养老服务系统。它的特点是紧跟政府的政策方针，充分调动各方资源，共同参与，各取所长。与以往政府包办的养老服务供给不同，这种多元主体的共同参与在一定程度上会缓解政府在提供养老服务方面的压力，改善不足，能够以更灵活的方式提供更个性化的服务以满足不同老人群体的需求，有效提高养老服务的供给效率，也更符合政府职能转变和社会治理结构调整的要求。从更长远的眼光来看，各类社会组织与市场互相补充、良性竞争，各自在其专业能力范围内有针对性地提供不同的养老服务，能鞭策与促进社会组织的发展与壮大；市场组织的加入则刺激了整个养老服务供给的活性，市场的灵敏性与高度导向性能够准确捕捉与回应老年人不同层次的需求，使养老服务覆盖面更广，老年群体的选择更多样化。

（二）公益性及营利性并存，免费与付费服务共同发展

过去传统的养老服务业基本上是福利性事业，即由民政部门主导对三无老人、失能及半失能等困难老人群体进行帮扶、补助，主要依靠政府的财政支出。这样的服务属于兜底型，虽具有社会福利性，却也存在诸多不足，比如扶持政策单一，无法覆盖更多的"政策外"老人；另外，它在一定程度上压抑了养老服务业的市场需求，大部分老年人群体都难以从中获益。随着老年化社会的出现，高龄老人也日渐增多，政府的财政负担越来越沉重，在长期的政府包揽之下，一方面养老服务机构成长动力不足，养老服务市场萎靡不振，但另一方面却是蓬勃的养老需求远远得不到满足。因此，在政府为困难老人提供的免费服务基础上引入市场机制，能够充分

发挥市场在养老服务领域配置资源的决定性作用，市场竞争的优胜劣汰能够筛选出更符合老年人需求的服务及更专业的机构，提升整个养老服务的水平。更重要的是，养老服务市场潜力一旦被激发出来，将促进新的业态形成，实现养老服务业的转型发展。

（三）居家养老与社区养老相结合

传统文化影响下的中国老年人和家庭对院舍养老存在普遍的偏见，认为住养老院是子女不孝的表现，住进去就意味着条件不好、失去自由、没有家庭温暖，是被抛弃的老人，因此无论多困难，都希望在自己熟悉的家庭环境中养老，由子女或亲属照料一直是绝大多数老年人和家庭的首选养老方式。但随着社会分工的细化，中青年职业负担加重，原来由家人承担的家庭照料功能不断被削弱；人口老龄化，尤其是高龄化，致使失能老人增多；家庭小型化，又使提供照料的人力不断减少；转型社会的职业结构变迁与就业形势变化令照顾者常常陷入事业和家庭的冲突之中，无暇顾及。传统的家庭养老已经难以满足老年人的生活需求，家庭服务功能的弱化，必然导致服务的外移。居家养老和社区养老作为新型的养老方式，既能满足老人居住在熟悉环境中的要求，保留老人多年的生活习惯，又能充分利用社区的养老服务资源，为老年人提供照料，从而对家庭养老为主的模式起到重要的支撑作用，是一种适合中国老人及家庭实际情况，且在经济上最为划算的养老方式。

因此，确定居家养老的主导地位，发展社区养老服务体系，是解决禅城区养老问题的重大战略性选择。

（四）养老服务信息化发展

养老服务信息化是指运用各种信息技术手段，为政府、居委会、老年人和包括养老服务机构在内的各种中介组织和机构搭建互动平台，建立沟通渠道。这能使老年人的服务需求顺利被传达至服务提供方，从而实现高效管理和优质供给。目前，禅城区在养老服务信息化方面做的主要工作是设置了"平安钟"及其延伸产品"一键呼救"等应急求助系统，但在家政服务、康复护理、医疗保健等方面则鲜有开发。同时，由于缺乏实用有效的线上平台，服务提供方难以知晓老年人的养老需求，并未实现对信息系统的充分利用。搭建一个居家养老服务及社区养老服务的线上购买和预约平台，是禅城区在养老服务布局中联结各方、纵深拓展的重要措施。它产生的最直接的作用是实现服务提供方及需求方的直接对接，降低沟通、购买成本。它有利于服务提供方定位服务需求者，以及时提供其所需的服务，从而获得机构发展的资金和经验；同时方便老年人了解身边的资源与服务，使其在需要的时候能快速找到服务提供者，减轻家庭负担，提高老人自身的掌控性与幸福感。同时，这项举措也能够助力政府了解全区老年人的身心健康状况及服务需求，为日后的政策方向提供数据支持。更长远来看，搭建一个自负盈亏的线上服务购买和预约平台有利于唤起和培养老年人购买服务的需求意识，创造和发展养老服务市场，实现养老压力向养老机遇的根本性转变。

二 社会服务系统的具体规划

基于以上原则，调研组为禅城区政府设计了"2+2+2+3"的养老服务系统框架，即两个服务平台，两大服务板块，两个服务系统和三项服务内容，如图 4-15 所示。

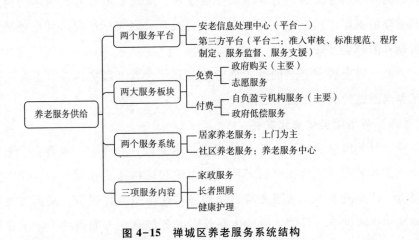

图 4-15 禅城区养老服务系统结构

（一）服务供给的一般运作

支撑禅城区整个养老服务系统的两个平台分别是安老信息处理中心（平

台一）及履行准入审核、标准规范、程序制定、服务监督和服务支援等职能的第三方平台（平台二）。其中，人工分类（电话接入）是和自动分类（网站或 App 接入）并列的信息处理系统。两个平台的关系如下（图 4-16）。

安老信息处理中心（以下简称"信息中心"）应发挥最核心的作用，它不仅收集并储存禅城区所有户籍老人的信息资料，同时也承担着养老服务递送的中介职能。为实现这些功能，首先需要通过先进的信息科技手段采集禅城区户籍老人的全面信息，如基本信息和健康信息等，形成老年人基本信息数据库。其次是建设人工分类系统及自动分类系统，搭建基础的信息传送平台。为了兼顾养老服务的公益性及市场性，信息中心下设立的服务可分为免费及付费两类。在利用市场进行养老服务资源配置的同时，通过政府财政支持为困难老人提供养老服务，既能够发挥市场的活力，又能够保证全体老人的福祉。同时，为了避免信息混乱，方便服务数据统计，老人获取不同服务的途径也应有所区别。

免费服务的对象为"三无"等困难老人群体，服务由政府购买或来源于志愿团体的支持，个人无须负担费用。当老人出现服务需求时，可以通过电话通道或网页/App 发出服务需要，由信息中心链接服务供给方，安排相应的人员上门提供服务，或在养老服务中心为老人预约服务项目。而付费服务则针对除特殊老人外的其他老年人，购买流程比前者多一个付费环节，即老人需要通过网页/App 进行服务选择、付费等简易操作，购买成功后可享受相应的服务，或通过电话联系后在接受服务前付费。与前者类似，付费购买服务的老人可以享受由养老服务中心提供的社区养老服务，也可以享受由养老服务机构提供的居家养老服务。有赖于政府的财政支持，在价格上，养老服务中心提供的付费服务应比市场上的优惠，属于低偿服务。需要注意的是，虽然免费服务和付费服务的门槛及获得途径不同，但由于免费服务实际上是由政府替困难老人付费购买，两种方式享受的服务内容没有本质上的差别，服务的主要提供者均是养老服务中心及自负盈亏的养老服务机构。

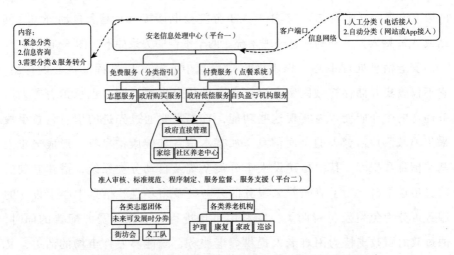

图 4-16　禅城区社会（养老）服务中心两大平台结构

说明：时分券，是指志愿者做公益活动或志愿服务换取相应的"报酬"如礼品、折扣、服务等，比如做 1 个小时就可换取××东西/服务。

（二）自动分类系统的搭建

安老信息处理中心中的自动分类系统大致结构如图 4-17 所示。

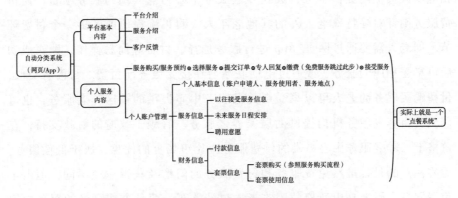

图 4-17　禅城区自动分类系统（网页/App）结构

网页/App 由两部分组成，分别是平台基本内容及个人服务内容。前者主要包括平台介绍、服务介绍和客户反馈，方便老年人了解平台的使用方式、各项服务内容及费用。个人服务内容包含了服务购买的整套流程和个人账户管理。以购买家居清洁服务为例，老年人通过网站或宣传单上的服务介绍可以了解到不同类别的清洁项目与收费标准，然后选择自己需要的清洁服务，之后，老年人需要登录个人账户，选择对应的服务，根据网站指引点击下单。网站专人在看到已形成的订单后，可利用现有的"平安钟"系统与老人联系，确认服务项目和服务时间、费用等信息。订单确认后，老人即可付费（免费服务则跳过此步）并等待专人上门提供服务或在预约时间到养老服务中心接受服务。服务结束并不代表整个购买程序完成，老人需要对此次服务进行评价以对服务提供者进行约束，确保服务质量。

老人购买或预约的所有服务内容，包括服务项目、提供服务的人员、服务使用时间、服务质量反馈等一系列信息将详细地记录在个人账户中。同时，已购买的服务会以服务日程的形式展现出来，以便老人随时查看，安排好个人时间。为了对服务提供者形成激励，系统还设置了"聘用意愿"一栏，意味着服务质量高的个人将有更多机会被继续聘用，因此获得更多的劳动报酬。而服务提供质量较差的个人则面临被淘汰的风险。放在机构层面上看，具有完善的员工培训和考核机制，专业性更强的机构，能接到的服务订单也更多，市场优胜劣汰的调节机制就可以充分作用。网站中老年人的服务购买记录也将为政府掌握禅城区老年人的服务需求、购买力及机构的服务水平提供准确的数据支持，减少日后政府制定相关养老服务政策的信息成本。

为了给购买服务较多的老人提供一定的优惠，刺激养老服务消费，网站还可以设立服务套票，与预存卡的功能类似，即老人一次性充值一定的金额，每次使用服务后，直接从卡中扣除相应费用，直至套票额度用完。服务套票的优惠形式多样，可以是预存金额后提供一定折扣，也可以是在原有预存金额上加送服务项目或金额。

因此，养老服务购买或预约的线上平台，实际上是一个养老服务的"点餐系统"。老人在网页/App上选择自己想要的服务，完成付费或预约，享用服务后进行打分、点评。这打破了以往服务提供者找不到受众，而有需求的老人又找不到满意服务的困局。同时，这个系统利用市场机制对服务提供者形成了约束，所有的服务评分将在网站上反馈出来，受到"差评"

的机构和服务提供者不仅会失去上一个顾客，还有可能因此失去其他潜在顾客。由于养老服务机构要自负盈亏，因此认真对待每一位购买服务的老人，努力提高自身的服务水平会成为机构实现发展的不二选择。

三　养老服务中心的搭建

无论是免费还是付费服务，最终都要落脚到服务提供上来。在我们的规划中，禅城区养老服务供给有两个系统，一是以上门服务为主的居家养老服务，二是由养老服务中心提供的社区养老服务，后者的服务内容很大程度上依赖于社区的硬件支持，相对来说更复杂。

养老服务中心实际上是日托中心和老年人活动中心的结合体，既是做短期接待、托管服务的社区养老服务场所，也是为老年人提供各种综合性服务的社区服务场所。它设有文化娱乐、康复训练、医疗保健等多项服务设施，也有部分的上门服务项目。为了更好地进行资源配置，完善禅城区的社区养老服务供给，我们为区政府搭建了一个中心的建设框架。

（一）服务内容

参照社区养老的相关理论，结合本区居民的实际需要，禅城区养老服务中心的建设既要参考周边城市各种长者综合服务中心的做法，也要结合本区实际需要与规划愿景。我们建议将社区养老服务分成六大功能区，即日托、膳食、护理、康复、心理和文娱。

1. 生活照料服务

生活照料服务是针对在养老服务中心使用日托服务的失能、半失能老人所提供的饮食、午休、清洁等服务，包括个人清洁卫生、穿衣、修饰、口腔清洁、饮食、排泄护理、皮肤清洁、压疮预防等内容。养老服务中心提供生活照料服务要遵循以下几个原则。

- 适切服务：养老护理人员根据老年人的具体需要提供适切的服务。
- 自助辅助：养老护理人员在提供服务的同时尽可能贯彻老年人自理的工作理念，以促进和维持其基本生活能力。
- 设施完备：养老服务中心内应配备生活照料服务必要的设施与设备；用文字或图表说明提供个人生活照料服务的范围、内容、时间、地点、人员、服务须知等基本信息。

- 服务规范：养老服务中心应制定各项生活照料服务流程与规范，能根据老年人的生理、心理特点提供优质的服务并规范化。

- 建档评估：养老服务中心应留存提供服务的文件和记录，并定期根据检查程序对个人生活照料服务进行效果评估。

- 托而不住：养老服务中心提供的是日托服务中的生活照料服务，为了确保老年人的安全，老年人不可在中心过夜。

2. 膳食服务

膳食服务即由养老服务中心提供的老年饭堂或送餐服务，是养老服务中心的核心服务之一，应根据老年人的实际健康状况提供营养均衡的饮食，这是老年人日常生活中的重要一环。科学合理的膳食不仅能够满足老年人对食物和营养的需求，同时有助于延缓或减轻老年人各种疾病的发生和恶化。提供高质量的膳食服务，要求养老服务中心严格把关饮食环境的安全、整洁和舒适；在选择饮食种类时，注意食材的多样化，确保营养提供全面，并照顾有特殊餐饮需要比如患有糖尿病的老人。同时，食堂开放或送餐时间要相对固定，以便老人保持规律饮食。养老服务中心为老人提供膳食服务，需遵循以下几个原则。

- 个性化：膳食服务遵循专业化、个性化、科学配餐和鼓励老年人自理自立的原则。

- 卫生：食品的采购、加工、配送，食物的制作、分发等过程应安全卫生，送餐用具应保温、封闭。

- 营养均衡：养老服务中心应根据老年人的身体状况及需求、地域、民族特点等制定菜谱，提供均衡饮食。

- 专业团队：膳食服务提供者，如食品采购员、厨师、配餐员、勤杂工等，均应由持有健康证并经过专业培训合格的人员承担。

- 设备齐全：养老机构内应配备提供膳食服务必要的设施与设备。

3. 护理服务

护理服务是指养老服务中心为老年人提供促进身心健康的医疗照护活动，是养老服务中心日托服务的重要组成部分之一。它包含基础护理、健康管理、健康教育、治疗护理等内容。由于养老服务中心仅提供日托服务，因此部分全托服务的护理不包含在内。养老服务中心的护理服务主要是协助中心有需要的老人正确服用药物、进食、排泄、使用助行器具、体位转移，观察老年人身心健康状况，并举办相关的健康教育讲座、义务体检等活动，帮助老年人分析自身存在的健康问题和健康危险因素，调动老年人维持自身健康的积极性，自觉采取有利于健康的行为和生活方式。值得注意的是，护理服务的部分内容与生活照料服务存在重叠，因此，提供护理服务要遵循生活照料服务的基本原则，还应满足以下几个要求。

- 教育宣讲：定期开展健康教育工作，每次活动有明确的目标和实施方案，健康教育计划存档。
- 护教结合：医疗照护应与健康教育相结合，促进老年人健康行为的建立。
- 防患未然：充分利用区内医疗资源，定期安排义务体检及健康咨询。

4. 康复保健服务

康复保健服务的主要内容包括老年人日常保健、康复指导等。与护理服务强调的"医疗照料"不同，康复保健的着力点是为老年人提供预防疾病、保健、康复等方面的活动，老人自身在服务中起主导作用。比如可为老人进行健康评估，提供照灯、按摩等一系列保健服务，由康复治疗师为老年人提供康复指导，协助康复功能训练，从而促进老年人日常生活活动能力的恢复，预防并发症和继发性残疾。提供康复保健服务需要遵循以下几个原则。

- 强调专业：康复保健服务应由执业医师或康复师承担，符合多点执业要求。
- 设备齐全：养老服务中心应参照医疗机构设置要求配备设施与设备。
- 综合手法：专业人员应运用综合康复手段，为老年人提供维护身心功能的康复服务。
- 严格管理：康复服务的开展应符合卫生行政主管部门有关诊疗科目及范围的规定。

5. 心理支持服务

心理支持服务是指通过专业化手段维护老年人心理健康，增强老年人社会适应性的活动。进入老年期后，老年人面临着角色转换、身体机能衰退与社会功能退化等问题，容易出现悲观、失落、寂寞情绪和无用感，因此，准确评估老年人的心理健康状况，及时采取相应的措施，有助于其摆脱不良心理的影响，提高生活质量。老年人心理支持服务包括有效沟通，即通过观察、交谈来了解老年人的心理状况，情绪疏导，心理咨询，危机干预，在进行一般的劝说和疏导无效后，及时请心理医生进行诊疗等部分。提供心理支持服务应遵循以下原则。

- 场室设定：养老服务中心应配备心理或精神支持服务必要的环境、设施与设备。
- 专业服务：心理咨询服务应由心理咨询师、社会工作者、医护人员或经过心理学相关培训的养老护理员承担。
- 跟进服务：养老护理员应定期、适时与老年人进行交谈，及时掌握老年人在一段时间内的心理或精神动态，进行个案的跟进。
- 及时介入：养老机构应安排专业人员制定心理咨询和危机干预工作程序，以便及时有效应对老年人心理问题的发生。
- 尊重隐私：心理支持服务应充分保护老年人的隐私。

6. 文化娱乐服务

根据老年人的身心状况提供学习、放松休闲等活动是养老服务中心应提供的最基础、日常和广泛的服务，能起到凝聚人气、丰富生活、调动情绪、老年生活正常化等作用，是其他各类服务的根基。老年人的文化生活是否丰富，是衡量社会生活水平高低和文明进步程度的一个标准，规律、有序、丰富的康乐活动有利于老年人缓解不良情绪，增强体质，减少疾病，提高幸福感。老年人的文化娱乐一般以修身养性、寄托精神、娱乐消遣为主要目的，包括散步、影视、阅览、歌舞、下棋、拳操、书画、参与社会公益等符合老年人生理和心理特点的活动。要注意的是，老年人因其自身生理特点与身体状况，一般会更青睐安静舒适的活动，因此，养老服务中心可以为老年人提供舒缓、有益身心健康的娱乐活动，所有的活动都应以保证老年人的安全为前提。此类活动应遵循以下原则。

- 适切性：文化娱乐服务要符合老年人的身心状况，养老服务中心应提供必要的安全防护措施，在安全的基础上保证娱乐活动的趣味性、多样性和社会性。
- 活动规划：文化娱乐服务的活动主要由养老护理员、社会工作者组织，可邀请专业人士或志愿者给予指导和支持。
- 配合环境：养老服务中心内应配备文化娱乐服务必要的环境、设施与设备。

（二）设施配备

几乎所有的服务都依赖于一定的设备设施，而规划中的禅城区养老服务中心是一所为区内所有老年人提供服务的综合型老年人服务中心，既提供午休、食堂、康复等日间照料服务，也提供文化娱乐服务。因此，在服务设施和设备方面有更高的标准和要求。养老服务中心的设施配备应符合以下原则。

- 养老服务中心应选择设立在工程地质条件稳定、日照充足、通风良好、交通方便、临近公共服务设施且远离污染源、噪声源及危险品生产、储运的区域。建筑宜为低层或多层，且应独立设置。
- 基本服务配建内容应包含膳食供应、个人照顾、保健康复、文化娱乐等日间照料服务用房及场地，并配备相应的器械如单人床、按摩椅及其他康复治疗设备。
- 中心应设无障碍电梯，且有至少1台医用电梯（强制性要求）。
- 养老服务中心的地面应采用不易碎裂、耐磨、防滑、平整的材料；建筑应进行色彩与标识设计，标识字体醒目、图案清晰，符合老年人的用眼习惯；养老服务中心中老年人用房建筑耐火等级不应低于二级，且建筑抗震设防标准应按重点设防类建筑进行抗震设计；所有场地均应进行无障碍设计并符合现行《无障碍设计规范》的国家标准。
- 养老服务中心的主要出入口不宜开向城市主干道，中心内的道路应满足消防、疏散、运输等要求，还应保证救护车辆能够顺利到达所需停靠的建筑物各出入口。

（三）人员安排

养老服务中心的主要功能是提供服务，所以人力资源是中心的第一资源，对提升服务质量以及中心的生存发展至关重要。人力资源管理工作需遵循以下原则。

- 形成择优录用、奖罚分明、合理流动的用人用工制度，制定员工聘用和管理办法，聘用与岗位相符合的具有相关资质的专业人员。

- 根据养老服务中心提供的服务内容进行培训需求分析，对员工进行有针对性的培训，使培训内容能够充分体现老年人身心整体护理的需求和特点，针对在岗人员的培训意愿开展不同内容和方式的培训，满足从业人员的职业发展与专业提升需求。

- 进行员工的健康管理，通过养老服务中心自身或借助第三方的力量，应用现代医疗和信息技术从生理、心理角度对员工的健康状况进行跟踪、评估，系统维护员工的身心健康，降低医疗成本支出，提高养老机构的整体效率。

四 项目合作模式的讨论

禅城区养老服务中心从筹建之初就一直在思考中心该由谁营运的问题。一般来说有三种可能的做法，一是直管，即完全由政府管理，类似行政服务中心的做法；二是外包给社会服务机构管理，类似家庭综合服务中心的做法；三是公私合伙模式，即政府与社会服务机构合作管理。由于编制内人力资源的限制，直管的做法不可行，值得分析的是后两种选项的优劣，核心在于探讨在整个购买服务的过程中如何更好地回应使用者的真实需求，使三元主体中常被忽略的第三只"足"——服务使用者的最终满意度能得到重视，使使用者的反馈能与政府、机构的发展有效衔接起来，带动三者的良性互动。

（一）外包模式

这种模式有明显的好处，亦有明显的弊端。好处有二，一是外包能有效简化政府管理程序，节省有限的编制人手，政府只需向承办方问责就可以实现对平台的基本控制，政府亦有大量的外包经验，是熟悉的做法；二是如果承办方有提供社会服务的丰富经验，会比政府更快进入角色，能更专业地推动平台向前发展。

但外包的弊端在于，第一，养老服务中心的平台中除了服务还包括程序规范制定、服务审核等管理与监督的内容，承接的社会服务机构由于掌握了平台的进入门槛，同时承担此类工作，就会出现"既当运动员又当裁判员"的情况，引起平台上的利益冲突，容易掩盖服务中的问题，即便使用者有不满的声音，也可能会被机构忽略。第二，外包质量取决于承办机构的专业性，包括专业理念、知识与技术，政府对机构一般只有行政层面的了解，缺乏专业层面的认识，高度依赖招投标时所呈现的表面形象与专家意见，容易被人为因素干扰，甚至被一些缺乏专业水平的机构钻空子，最终影响服务质量。

外包模式与我们构建良性的三元主体互动关系的理念仍然有较大差距，尤其是在对使用者需求的保障方面。如果使用外包模式，必须是从一开始就引入第三方监管，即政府把平台的营运交给承办方，同时把评估与督导服务外包给一家完全不参与服务提供的机构，避免承办方的权力过度膨胀，不受约束。

（二）合伙模式

合伙模式是指政府与有意承办平台的社会服务机构合资合作，组建一家新的机构来承办平台。相比起外包模式，它能让各方的利益、责任与问题都捆绑在一起，互相监督、互相补充、各取所长，能更有效地保障使用者需求，使整个服务供给在一种更科学、可控的监管下运行。

合伙模式能恰好避免外包模式的问题，服务的潜在提供方从一开始就有清晰的身份，它与政府各司其职、互相监督，避免了"既当运动员又当裁判员"的角色冲突。在整个购买服务的过程中，需求提炼、服务规划与设计、服务实施、评估都是双方共同参与的，政府既非单纯的购买者，也非单纯的服务提供者，机构亦如此，在双重关系下双方都要负担起不同角色下一定的职责，比如政府也要充分考虑服务的实施，不再是只出钱不运作的"甩手掌柜"；而机构在新组的机构中与政府有了相对平等的位置，它既要向政府报告，也要向母机构报告，有利于发挥专业主导的作用，能在日常运作的层面上与政府紧密沟通。双方的结合还有利于其以相对平等的地位接受使用方，即群众的监督，有利于使用者需求的有效实现。同时由于政府是合伙人之一，又能实现政府对平台的适度控制，平台可避免完全的趋利倾向，回归社会服务优先考虑公共利益的本义。

但若采用合伙模式还需要注意如下两个问题：一是如果政府要加入运营团队，将为其带来人力上的压力，而且它将涉足机构管理与财务等事项，会在一定程度上干预机构的自由度与独立性。二是由于政府有公共利益的考虑，平台需在服务居民与谋求收益之间平衡，可能会引起合伙人之间的一些矛盾冲突，因而打击作为利益相关方的入伙机构在财力与人力上的投入积极性。这两个问题如果处理不善，可能会延误整个平台的发展。

因此，如果采取合伙模式，尤其是以公司性质登记的话，应在签订合作协议之初规范好作为社会力量入股方的社会服务机构的利润空间，例如可以规定社会服务机构方的年度最低保障利益（绝对值），及当平台的总体收入达到某个水平时社会服务机构方可适当抽取利润的比例（相对值）。绝对值保底，相对值提供投入诱因，确保合伙双方都能获得合理的回报，会更有持续的动力去提供服务，最终有利于使用者需求的实现。

第四节　案例总结

我们认为，在整个养老服务的购买过程中，最关键的是如下两点。

第一，聚焦使用者的需求，精准确定服务内容。在项目规划伊始，禅城区政府就有意识通过多种途径来挖掘、分析老年人的真实需求，包括普查、问卷调查、访谈老人及基层工作人员，实地考察等，通过分析普查及问卷数据、各项政府数据以及各区养老服务的相关规定，结合访谈中对老龄群体消费意愿的了解，确认本区老年群体的需求内容、强度与消费能力，以及政府目前政策与措施的问题。只有做足了解、确认使用者需求的功夫，才能准确设计服务供给体系，避免供给无法衔接需求、脱离实际、摆空架子的情况。老人的生活实际因经济能力、年龄、性别、家庭状况、身体条件等各不相同，一个区级的养老服务中心如何才能涵盖足够多的服务类型，准确回应不同情况的老人所求，又能避免资源浪费，是规划这个项目时主要的考虑事项。

使用者需求不是一个简单的问题，需求评估也不是购买中的一个流程设置而已，它应得到行动上的落实。政府部门作为购买方，对所欲购买的服务有其行政上与政策上的理解，偏向宏观的表达，在我国的购买实践中往往缺乏专业性与深入性，不能为机构服务提供具体层面上的建议与支持，一般只能靠机构来进行需求评估。但机构未必有足够的时间与动力去做深入的调研，在当前的购买形式下，它的主要任务是制作符合购买方要求与喜好的标书，拿下项目，使用者需求并没有被排在优先的位置上，而且在政府本身对使用者利益不甚了解的情况下，它亦无法监督、判断机构的需求评估质量。因此目前购买前期的中心工作多是机构"投其所好"，按自己的理解制作需求，获得承接资格。

要确保需求评估做到实处，必须依循双方合伙的思路，打破购买者与承接者割裂的状态，使之紧紧结合在一起，在购买前期就开始围绕需求进行磋商、合作、交流、互通，才能改善互相"甩锅"，否则评估最终只能流于表面，无法真正了解使用者需求的问题。这是我们在禅城区养老服务的调研中获得的一个重要启发。

第二，构建高效的政社"合伙"模式，平衡购买者与服务承接者之间的关系，是另一个关键。只有双方的责任、义务与利益连接在一起，才能激发两者最大的行动动力。规划中的养老服务中心打破了过往单一供给的限制，具有特别的优势。在这个平台上，政府引导、参与，社会组织入驻与政府合作供给服务，社会力量灵活参与与协助，亦鼓励作为服务使用者的老人充分自主，多方协作，最终达到满足老年人需求的目标。这种"委托—合作—参与"的发展模式，一方面能让更多社会组织找到发展的平台，发挥各自所长提供专业服务，另一方面推进了政府服务方式的转变，促进了公共服务和公共管理职能的下沉，大大增强了服务的针对性与有效性。多种服务类型在平台上的并存能够有效整合政府购买与政府补贴的项目，推动社区养老、教育、文体、卫生和社区建设工作，促进地区各项事业的发展，有助于实现总体协调。另外，通过试点自费服务，能探索高端养老市场的发展前景，也能进一步扩大项目的受益面，有利于不同群体了解政府和社会组织的功能，改变过往政府服务只是提供给困难群体的印象，为养老服务乃至社会公共服务的持续发展注入一些动力，鼓励更多的社会组织和单位投身养老服务和社区建设事务当中。

　　本章的案例规划展示的是需求评估的重要性，详细介绍了调研的具体思路与方法步骤，阐述了如何入手、调查什么、如何从数据中读懂需求、如何顺着思路设计服务，这是方法上的铺陈。在具体规划的介绍中，我们剖析了养老服务中心内不同平台、不同系统、不同服务内容是如何整合在一起的，展示了一个从需求出发提炼服务模式，再将服务细节化的由零散（厚）到归纳（薄）再到具体（厚）的过程，这是操作层面上的阐述。从中我们产生了关于服务形式与政府、社会、市场多方关系的思考，这些是基于对政府购买中三元主体关系的反思，亦是对此的实务回应，以期从禅城的实践中逐步突破现在的不足。

　　在下一章中，我们将讲述南海区的案例，希望读者能在了解两区不同情况的基础上理解我们规划设计的不同思路，但核心仍是在实务中发挥承接者与使用者的主体性，以形成三元主体轮状互动、连通共振的关系。

第五章 佛山市南海区：使用者自主选择，
承接者优胜劣汰

本章我们讲述佛山市南海区政府向社会组织购买养老服务的案例。南海区政府以"智慧养老"为核心概念搭建创新性的养老平台，其特色在于在充分的需求调研的基础上用技术的手段实现使用者的自主性，难点在于如何进行合理、便利的布局，以保证多样性服务的可及性与对服务供应商优胜劣汰的思维的实现。

第一节 案例背景

南海区也处在老龄化快速发展的时期。据统计，2017 年南海区 60 周岁及以上老年人 241154 人，占全区户籍总人数的 17.14%。区内共有养老机构 22 家，可提供养老床位数 5293 张，在比例上远远不能满足庞大的养老服务需求。为解决人口老龄化时代下的养老问题，南海区先后制定出台了《关于加快南海区养老事业发展的意见》《南海区民办养老机构扶持管理办法》《南海区社区幸福院建设和运营管理办法》等政策文件，着力建立覆盖城乡、布局合理、形式多样、功能齐全的普惠型养老服务体系。

南海区政府购买养老服务目前主要有两种方式，一种是通行的项目申请制；另一种是自主采购，适用于各镇街政府 50 万元以下的项目，以让基层政府掌握购买服务的自主权，在这种形式下可通过购买方与潜在的承接方磋商的形式来最终决定承接者。因此，镇街政府的购买自主性及社会组织的发展活力被大大激发，购买前的互通交流也有利于双方的互相了解及目标的对接，提高了购买效率。

但要实现南海区政府的布局规划，目前的做法还是存在不少问题，较为突出的是政策规划中对服务使用者的关注不足，政府为养老服务的主力但专业性不足，缺乏行业竞争等。

第一，供需信息不畅。南海区养老服务由居家、社区和机构养老三种模式构成，但是三种类型的养老资源缺乏整合，长者往往只能接触到其中部分类型的服务信息，信息不全导致其难以根据自身需求综合选择合适的养老服务。反过来，南海区政府和相关的服务机构对当地长者的详细情况、养老需求也缺乏清晰和及时的掌握，需求信息不够深入和详细。

第二，由于镇街在养老服务提供中的自主权较大，区一级的统筹管理不足，不同地区的养老服务水平参差不齐、评价标准不统一，具有碎片化倾向。不同镇街的公办养老机构入住标准、居家养老的服务内容、社区幸福院①的服务购买和评估模式均有差异，这给服务机构进入不同地区、扎根南海造成了一定的阻碍，加大了不同镇街的服务机构的行政压力，不利于当地养老服务的整体发展。

第三，居家养老服务以政府购买为主，服务承接方只有一个，缺乏竞争，一定程度上导致了服务的非专业化倾向。享受服务的对象只有少数符合条件的长者，这些长者更多的是被动接受服务，对服务的选择权有限。自费购买服务的长者较少，居家养老服务市场发育不全。在这种情况下，以政府经费驱动、缺乏市场竞争的机构在服务过程中更多的是考虑如何应对政府部门的要求而非使用者的需求。为产生更好的效应，获取政府的资金投入，服务生产者会在生活照料、定期活动等常规服务方面投入更多的精力，相较而言成本较高、可见度低、见效周期长、成果难以衡量的心理咨询、康复护理等专业服务，就常被服务提供者忽视。

第四，政府对于服务机构监管不足。一般来说，政府主要依靠社区干部的定期反馈或长者投诉来了解居家和社区养老服务的日常运作，每半年进行一次考察和评估，每年对社区幸福院进行一次全区评比。日常监管的重点是消防安全、卫生等基础条件方面，实地考察时主要工作也是检查台

---

① 社区幸福院，是指为社区老年人提供生活照料、膳食供应、保健康复、文化娱乐、精神慰藉等日间服务的场所。

账、询问服务对象意见、听取服务机构报告等，其余工作依赖于"负面汇报"机制，也就是说有事发生才处理。监管总体呈现非专业化、行政化色彩，缺乏深入性互动与专业的内容、技术、理念审查。

第五，对区内的城乡差异不够敏感，即缺少对养老服务城乡发展不平衡的考量。南海区城乡分割现象依然严重，不仅表现在居民收入差距总体上呈现扩大的趋势，还表现为经济增长成果、福利改善程度在城乡之间的分布不均衡，城乡两地实际上仍然处于两种不同的养老服务处境之中。

在 2015 年下发的《民政部办公厅关于确定首批养老服务和社区服务信息惠民工程试点单位和地区的通知》中，南海区被确定为全国首批养老服务信息惠民工程建设试点之一。为让养老服务和"互联网+"充分结合，借力科技互联网开启智能养老模式，南海区要在全省率先建成投用智慧养老综合服务管理平台，以智能化养老终端采集数据，利用互联网、移动通信网、物联网等现代通信技术，积极探索新型养老之路。2017 年，南海区政府委托笔者所在的调研团队对其养老服务现状进行调查，为设计"智慧型养老服务新模式"出谋划策。团队的目标是，使老人能用一部手机、一个App 便把定制服务送上门，真正实现老人生活困难有人管、实际需求有人帮、生存状况有人看，为此需要了解老人的服务期待、支付能力，构想智慧网络的合理布局。

第二节　基于实证研究的养老需求分析

桂城街道作为南海区内整体发展水平较为领先的地区，其在养老服务体系的构建探索上效果显著，可为区内其他镇街提供经验样板，因此调研组选取了最有代表性和典型性的桂城街道作为需求调研点，希望能立足桂城街道，提炼出养老服务完善发展的路径，在更大范围内推广建设对应的养老模式。需要注意的是，桂城街道虽然在行政规划上已无城乡界限，但由农村社区转变而成的"村改居"社区，与传统的城镇社区在发展程度上依然存在差距，人们的养老观念、习惯与现实也有不同，这也反映了南海区的一个普遍情况，即存在较多的城乡差异，因此在考虑桂城街道内养老服务规划发展的时候需要加入对于不同社区类型的考虑，展开针对性的探讨，这也符合整个南海区的特点。

一　调查样本总体特征

截至 2016 年 12 月，桂城街道老年人口数为 39709 人，占总户籍人口的 15.08%。研究团队采用多阶段抽样的方法开展问卷调查，其中第一季抽样采用按规模成比例概率抽样（PPS），一级抽样单位是桂城街道下辖 43 个社区，所抽取社区数量依照桂城街道三种社区分类的数量按比例分配，共抽出 10 个社区。第二季抽样中，各社区采取等概率抽取样本，样本数量为 320，共派发问卷 320 份，共回收有效问卷 311 份。所得样本主要有如下特点：（1）主要以女性（57.6%）为主；（2）样本的平均年龄为 70.9 岁，其中，55~60 岁的受访者占 10.3%，60~70 岁的老年人占 41.2%，70~80 岁的老年人比例最大，占 34.4%，而高龄老人（80 岁以上）比例为 14.1%；（3）61.7% 的样本受教育水平在小学及以下；（4）婚姻状况为"已婚"的受访者为 80.1%，占总样本最大比例，"丧偶"的有 19%；（5）52.1% 的受访者月均收入为 2000~4000 元，22.8% 的受访者月均收入为 2000 元以下；（6）社区类型上可以划分为"村改居"社区、旧城镇社区与新型社区，其中"村改居"社区所占比例最大，为 49.5%。具体如表 5-1 所示。

表 5-1　南海区桂城街道样本人口特征

	特征	有效值（N）	百分比（%）
性别	男	132	42.4
	女	179	57.6
年龄	55~60 岁	32	10.3
	60~70 岁	128	41.2
	70~80 岁	107	34.4
	80 岁以上	44	14.1
	平均年龄为 70.9 岁		

续表

	特征	有效值（N）	百分比（%）
教育程度	小学及以下	192	61.7
	初中	57	18.3
	高中/中专	36	11.6
	大专	15	4.8
	本科及以上	9	2.9
	缺失数据	2	0.6
婚姻状况	已婚①	249	80.1
	未婚	1	0.3
	离异	1	0.3
	丧偶	59	19.0
	缺失数据	1	0.3
经济状况	2000 元以下	71	22.8
	2000~4000 元	162	52.1
	4000~6000 元	36	11.6
	6000~8000 元	18	5.8
	8000 元以上	16	5.1
	缺失数据	8	2.6
社区类型	"村改居" 社区	154	49.5
	旧城镇社区	64	20.6
	新型社区	93	29.9

（一）居住情况

我们获取的样本中，和配偶居住的受访者所占比例最大，占72%，也有58.3%的受访者与儿女共同居住。经过交叉分析发现，只与配偶共同居住的受访者占30.8%，独居的有5.7%，两者合计为36.5%，是为

---

① "已婚"指配偶健在的状况。

"空巢"状态①，这是养老照料服务的潜在使用者。另外，有 6.8% 的受访者与保姆、护工等提供照料服务的人员共同居住，接受着由市场提供的、由私人保姆直接递送的居家养老服务（图 5-1）。

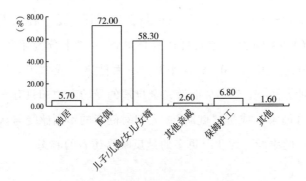

图 5-1　南海区桂城街道受访者居住情况

（二）代际关系

92% 的受访者表示与子女的关系为"很好"或"较好"，只有 0.6% 的受访者表示与子女的关系"不太好"，具体数据如下图 5-2 所示。良好的代际关系是影响老年人选择就地养老的积极因素，对照料服务尤其是居家照料服务的提供至为关键，子女可以通过培训成为照料服务的提供者。

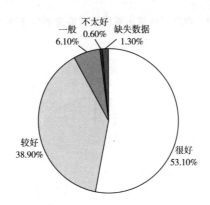

图 5-2　南海区桂城街道受访者的代际关系情况

---

① "空巢"指老人与健在的子女长期分居或无子女的居住状态。

（三）健康状况

本调查采用两种方式综合测量受访者的健康状况。第一种是基于日常生活自理能力测量方式。在这种方式下72.7%的受访者日常生活自理能力完好，处于"轻度受损"的受访者占22.2%，"中度受损"与"重度受损"的比例均为2.6%（图5-3）。第二种是自我测评，是一种主观感受。在这种方式下，63.9%的受访老人自评身体状况为"十分健康"或"健康"，25.3%自评为"一般"，10.5%自评为"不太健康"或"很差"（图5-4）。换言之第一种方法下，72.7%能够完全自理的受访者中却只有63.9%的人表示自己"十分健康"或是"健康"，人们对健康的不同感受与认知产生了其中的差异，对健康的自评状况更多的是反映受访者的心态。

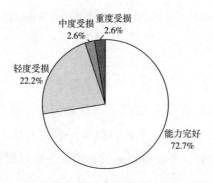

图5-3 南海区桂城街道受访者的生活自理能力状况

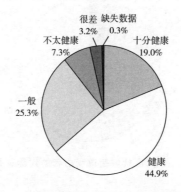

图5-4 南海区桂城街道受访者身体自评状况

样本中患有慢性病的老年人所占比例较大，有 72.4%。慢性病的类型较分散，除了常见的高血压、骨关节病、白内障、糖尿病等，还有 12.1% 的受访者表示患有"其他慢性病"（表 5-2）。这提示我们需扩大对疾病的关注范围以满足老年人不同的健康需要，以免产生对某些慢性病的另类"排挤"。

表 5-2　南海区桂城街道受访者慢性病情况

慢性病情况	有效值（N）	百分比（%）
白内障/青光眼	45	19.5
高血压	133	57.6
糖尿病	40	17.3
心脑血管疾病	41	17.7
胃病	14	6.1
骨关节病	104	45.0
慢性肺部疾病	11	4.8
哮喘	1	0.4
恶性肿瘤	4	1.7
生殖系统疾病	4	1.7
其他慢性病	28	12.1

二　养老现状

97.7% 的受访者是在家养老的情况，居家养老也是相当一部分受访者的选择。但由于三种养老方式没有明确的界定，在家养老的受访者接受的是亲属提供的非正式照料，同时又有居家养老和社区养老照料服务的叠加，占比分别为 14.8% 与 5.2%。

（一）居家养老

在当前接受居家养老服务的受访者中，有 87.5% 的受访者接受的是私人雇用保姆的照料，只有 12.5% 的受访者因属特殊人群享受了政府提供的居家养老服务，在这其中 83.3% 的月均自付费用低于 100 元（图 5-5）。而私人雇用保姆的受访者中，41.5% 的受访者每月保姆费用为 2000~4000元，34.1% 的受访者每月保姆费用为 2000 元以下（图 5-6）。

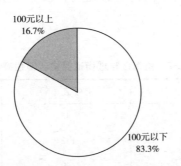

图 5-5 南海区桂城街道受访者接受的政府购买居家养老服务价格

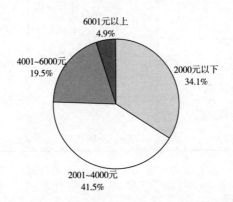

图 5-6 南海区桂城街道受访者私人雇用保姆的费用

在目前接受居家照料的受访者中，使用率最高的前五项服务项目依次为家居清洁（93.8%）、做餐/送餐（50.0%）、代办购物（37.5%）、个人清洁（35.4%）和陪护外出（31.3%）。受访者认为这些都是基础性服务，专业要求不高。受访者月均接受服务的时间统计显示，有 55.3% 的受访者接受 60 小时以上的服务，通常为住家保姆的照顾（图 5-7）。

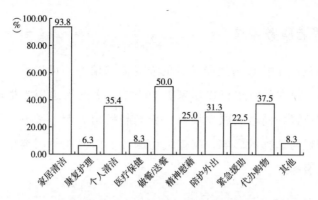

图 5-7 南海区桂城街道受访者当前接受的居家养老服务

（二）社区养老

在对社区养老服务的知晓程度上，84.6%的受访者听说过"健康教育服务"，比如社区组织的关于健康知识的讲座等，76.9%的受访者表示曾经参与过这类服务；53.8%的受访者听说过"老年大学的康乐设施"，46.2%的受访者曾经使用过这类设施；30.8%的受访者听说过"老年大学的兴趣班"，主要为社区或是进驻的社工机构开展的兴趣活动，23.1%的人曾参与过。但只有7.7%的受访者表示听说过"康复护理"，也只有15.4%的人表示接受过"心理咨询"的服务，说明相比起基础性的康乐活动，此类较专业的服务，如医疗、精神健康、社会功能发展等服务程度相对不足（图5-8）。

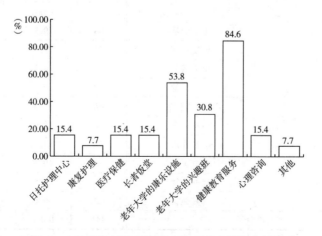

图 5-8 南海区桂城街道受访者社区养老服务知晓情况

三 养老服务需求

表5-3反映了桂城街道受访者的养老需求偏好。可以看出，除了在家养老的群体，最大的需求仍以居家养老为主，因此街道应当把居家养老服务放在关键位置，同时兼顾发展社区养老与机构养老。考虑到不同社区类型对这些偏好与选择的影响，调查组还探讨了如何在不同类型的社区中对应发展养老服务。

表5-3 南海区桂城街道受访者养老服务需求状况

养老方式	有效的		缺失的		总计	
	N	百分比	N	百分比	N	百分比
居家养老	86	27.7	225	72.3	311	100
机构养老	19	6.1	292	93.9	311	100
社区养老	50	16.1	261	83.9	311	100
在家养老	156	50.1	155	49.8	311	100

（一）居家养老服务需求

我们通过调查问卷了解老人对居家养老服务的细致需求，将统计得到的数据汇总到表5-4中。

表5-4 南海区桂城街道受访者居家养老服务需求

		回应		观察值百分比
		N	百分比	
居家养老服务需求	家居清洁	68	19.9	74.7
	康复护理	23	6.7	25.3
	个人清洁	29	8.5	31.9
	医疗保健	32	9.4	35.2
	做餐/送餐	46	13.5	50.5
	精神慰藉	36	10.6	39.6
	陪护外出	39	11.4	42.9
	紧急援助	36	10.6	39.6
	代办购物	30	8.8	33.0
	其他	2	0.6	2.2
总计		341	100.0	374.9

家居清洁是当前需求最大的服务项目，这主要与受访者的身体状况和经济状况有关。桂城街道老年人日常生活自理能力完好的比例高达 72.3%，对生活照料等辅助性程度较高的服务需求较低，但对劳动强度较大的家居清洁难以负荷，因而需求较高。同时，由于桂城街道整体的经济状况良好，老年人尤其是旧城镇社区和新型社区的受访者聘请清洁工定期上门进行家居清洁的情况比较常见，他们有这方面的消费观念与习惯，因此愿意从政府购买低于市价的家居清洁服务。

做餐/送餐也是存在较大需求的项目，这与老年人的居住状况和健康状况有关。不少受访者是独居或仅与配偶共同居住，身体状况尤其是腿脚不利索的情况较多，限制了他们外出买菜做饭的动力，而且老人行动较慢，一日三餐的准备时间太长，与产出不成比例，权衡之下，老年人更愿意直接从长者饭堂购买饭餐，省去了过程的繁琐，减轻了身体负担。

陪护外出也是相当一部分受访者表达的养老服务需求，这同样与老年人的居住状况和健康状况有密切关系。不少受访者为"空巢"状态，通常是独居或夫妻之间的相互照顾，受到身体状况的很多限制。对于居住在旧城镇社区楼梯楼的老年人来说情况更糟，出行不便甚至导致几年不出家门的极端情况。因此，不少受访者希望有专人上门陪同出门，以实现与外界的沟通。

除了这三项服务内容，我们发现以往常被忽略的精神慰藉、紧急援助和医疗保健等方面有着同样显著的需求。整体而言，受访者需要的照料服务大体与当前已有的居家养老服务项目相近，但精神健康、紧急救援、专业医疗等方面的服务目前尚处于供给的空白状态，这是非常值得重视的。

（二）社区养老服务需求

调研中有 142 名受访者表达了他们对社区养老服务内容的期待，前五项依次为长者饭堂、老年大学的康乐设施、老年大学的兴趣班、健康教育服务和医疗保健，具体数据见表 5-5。

长者饭堂高需求的部分原因与居家养老中的做餐/送餐类似，但也有另外两方面的因素影响，一方面，长者饭堂虽需付费，但基本上是按照成本价收取，老年人还可以通过饭餐时间结交朋友、互相沟通，于其而言，不仅节省了餐费，更有了社交平台。另一方面，长者饭堂的知晓度较高，大家对其服务模式有一定的了解，也使老人比较愿意选择。

表 5-5　南海区桂城街道社区养老服务需求情况

		回应		观察值百分比
		N	百分比	
希望接受的社区养老服务	康复护理	7	4.9	12.5
	医疗保健	15	10.6	26.8
	长者饭堂	40	28.2	71.4
	老年大学的康乐设施	22	15.5	39.3
	老年大学的兴趣班	19	13.4	33.9
	健康教育服务	17	12.0	30.4
	照料者支援	5	3.5	8.9
	老年辅具用品租赁	3	2.1	5.4
	心理咨询聊天解闷	13	9.2	23.2
	其他	1	0.7	1.8
总计		142	100.0	253.6

老年大学的康乐设施需求量也较大，说明老人比较关心身心健康，理论上符合活动理论（Activity Theory）对老年人的论证，即活动水平高的老年人比活动水平低的老年人更容易感到生活满意和更能够适应社会。康乐设施某种程度上为老年人提供了参与社会的途径，利于提升他们的生活满意度。同样地，老年大学的兴趣班也存在较高需求，这与老年大学的康乐设施类似，但是相对而言更体现精神层面的需求。另外，健康教育服务、医疗保健体现了老年人对健康的重视和对专业化医疗服务的需求，与老年人的保健观念有密切关系。而心理咨询聊天解闷、康复护理和照料者支援等服务也存在相当的需求，提示我们老年人对于社区养老服务需求开始呈现多样化，大家对养老也有了更丰富的理解。

社区养老一定程度上具有居家养老服务和机构养老服务难以比拟的优势，即其允许老年人在就地养老的基础上通过社区服务的递送重新搭建老年人与社区内其他居民的沟通平台，能够通过活动凝聚老年人并鼓励其参与社会。因此，在规划发展社区养老服务的过程中，如何充分利用社区养老服务中心的优势，最大限度地满足老年人各方面的需求是亟须探讨的重点之一。

（三）机构养老服务需求

人们选择机构养老的原因依次为希望生活上有人照料、减少他人负担和解闷（表5-6），表明了机构养老的服务需求与受访者的身体状况密切相关，主要是为了谋求更高质量的生活照料服务，同时显示了老人不愿麻烦年轻人的想法，传统观念正慢慢发生改变，而入住养老院的群体以丧偶女性为主，因此有相当一部分人视入住机构为"解闷"的方式，也从一个侧面反映了女性的心理需要。

表 5-6　南海区桂城街道受访者入住养老机构的原因

		回应		观察值百分比
		N	百分比	
入住养老机构的原因	居住环境舒适	2	3.6	8.0
	解闷	9	16.4	36.0
	生活上有人照料	18	32.7	72.0
	减少他人负担	15	27.3	60.0
	价格适中	2	3.6	8.0
	其他	1	1.8	4.0
	看病方便	8	14.5	32.0
总计		55	100.0	220.0

机构养老服务需求较高的内容依次为生活照料、医疗保健康复和文体娱乐（表5-7），与入住养老机构的原因基本吻合。

生活照料类型的服务需求最大，与老年人的身体自理能力密切相关，选择这类服务目的是减轻家属等非正式照料者的负担，使老年人在生活自理能力受损的情况下能维持基本的生活。医疗保健康复的高需求则同样与老年人的身体状况密切相关。桂城街道的医疗资源相对集中，养老机构中的医疗服务可及性较高，能保障基本的疾病诊治和康复，这是老人愿意选择机构养老的重要原因。文体娱乐则从另一个侧面展现了老年人的需求特点——相对于作用更为直接的精神慰藉，他们更愿意选择在具体活动中获得精神上的陪伴的方式，反映了老年人对机构养老生活日常化的想法。

表5-7 南海区桂城街道接受的机构养老服务情况

		回应		观察值百分比
		N	百分比	
希望接受的机构养老服务	生活照料	24	33.3	88.9
	医疗保健康复	20	27.8	74.1
	精神慰藉	12	16.7	44.4
	其他	2	2.8	7.4
	文体娱乐	14	19.4	51.9
总计		72	100.0	266.7

四 养老服务购买力

受访者对三类养老服务的偏好不同，能承受的价格也不一样。购买力与受访者的日常生活自理能力和经济承受能力等因素有关，也与他们对服务内容和质量的期待有关。

（一）居家养老服务

居家养老服务主要分为政府提供与市场上私人保姆提供两大类型，受访者对两种类型的服务能接受的价格也不一样。对居家养老服务有需求的长者中有50%是符合政府提供居家养老服务条件的，另一半人选择了雇用保姆。对于政府提供的居家养老服务有34.2%的受访者只能接受每月100元及以下的花销，合计有65.8%的受访者只能接受月均200元及以下的服务费用（图5-9）。雇用私人保姆的受访者可接受的月均消费较高，合计61.9%的受访者能接受月均4000元及以下的服务，可接受月均花费4001~6000元和6000元及以上的受访者则各占19%（图5-10）。总的来说4000元是大部分受访者的月消费上限，而且需要根据服务质量来决定消费意愿。大部分老年人尚未形成居家养老服务的明确概念，不清楚康复护理等服务对其生活质量的作用，信息不全也影响了需求程度。

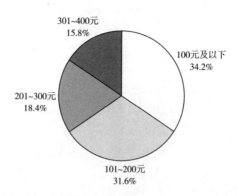

图 5-9　南海区桂城街道受访者愿意接受的政府购买的居家养老服务的价格

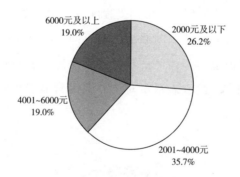

图 5-10　南海区桂城街道受访者愿意接受私人雇用的居家养老服务的价格

（二）社区养老服务

受访者对社区养老服务的购买力集中在月消费 100 元及以下（图 5-11）。由于当前桂城街道已有的社区养老服务基本依托于社区老年活动中心，部分老年人还将"星光老人之家"误认为社区养老服务中心，使得他们无形中认为社区养老服务是免费的，影响了他们对社区养老价格的判断。受访者反映的可承受价格主要体现在某些服务的固定成本上，例如长者饭堂的餐费和理疗护理的设备使用费用等，对其他人力成本、知识成本等皆无概念。

因此日后若要开展多形式的社区养老活动，还需在向老年人传递相应的消费观念上下功夫，从而促进合理收费。

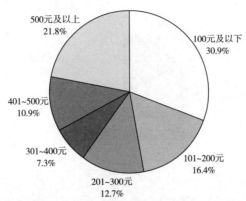

图 5-11 南海区桂城街道受访者愿意接受的社区养老服务价格

（三）机构养老服务

这一项里受访者所呈现的价格接受程度较分散，如图 5-12 所示，这主要是由于不同受访者需要接受的照护程度不同，心理预期价格也会有一定的差异。由于桂城街道的整体经济状况在南海区内相对较好，受访老年人的购买力也相对较高，没有表示出对公办或民营养老机构的偏好，比较看重的是养老服务的质量。

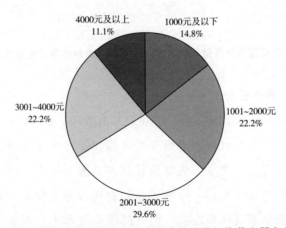

图 5-12 南海区桂城街道受访者愿意接受的机构养老服务价格

五　影响养老服务需求与期望的因素

我们分析了受访者对养老服务呈现不同需求与期望的原因，目的是规划养老服务时能准确把握使用者需求，使计划做得更合理与人性化，既不浪费政府资源，也让使用者想用、能用和用得起。表5-8列出了六种影响使用者需求的因素，最重要的是使用者的身体状况，它将直接决定老人是否需要某种服务，而经济因素会影响其使用意愿。几类因素的作用路径大致如下：当老年人日常生活自理能力受损程度较为严重，需要获得更高程度的身体照料服务，对照料内容和照料时间有更高要求时，作为非正式照护者的家人或许难以完全承担，此时养老意愿会倾向于社会养老方式，以减轻家庭负担，但最终能否实现取决于院舍的可及性；在身体条件和经济允许的情况下，在家养老可能转变成为居家或社区养老的意愿，而养老观念的变化和经济条件的许可也可能促使老人选择入住社会上的养老院。

表5-8　南海区桂城街道影响使用者养老需求的因素

影响因素	N	观察值百分比
经济因素	106	59.2
身体因素	138	77.1
环境因素	38	21.2
思想观念	31	17.3
可选择的养老服务设施	21	11.7
其他	18	10.1

（一）日常生活自理能力

身体状况是影响养老方式选择的关键因素，能力完好或只有轻度受损的老人超过95%选择在家养老，日常生活自理能力低下的受访者更倾向于获取居家或机构养老服务，一定程度上表明了传统的在家养老模式难以满足这部分老年人，显示了社会养老服务的必要性。但同时从调查数据我们也能发现，生活自理能力中度或重度受损的老人里也依然有超过60%的人是在家养老的，75%的人是居家养老，说明还是有大比例的人偏向于留在家庭环境而不是到生活照料、医疗等条件更好的机构中去。从图5-13中我们可以看到，失能老人对家居清洁与做餐/送餐两项服务的需求相对于整体情况而言是比较突出的，而在几乎所有项目中他们的需求都更多。

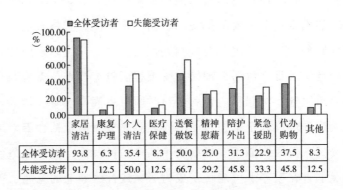

	家居清洁	康复护理	个人清洁	医疗保健	送餐做饭	精神慰藉	陪护外出	紧急援助	代办购物	其他
全体受访者	93.8	6.3	35.4	8.3	50.0	25.0	31.3	22.9	37.5	8.3
失能受访者	91.7	12.5	50.0	12.5	66.7	29.2	45.8	33.3	45.8	12.5

图5-13　南海区桂城街道失能受访者与全体受访者居家养老服务需求对比

（二）经济状况

经济状况较好（如月收入6000元及以上）的受访者接受居家养老服务的比例远高于月入6000元以下的人，表明经济状况影响购买能力，进而对养老方式的选择也有一定影响。但值得注意的是，社区养老需求与经济收入的相关关系和居家养老的情况不同，月收入在4001~6000元的受访者是接受社区养老比例最高的人群。

（三）社区类型

南海区有较大的城乡差异，不同类型社区的经济收入不同，使各社区养老现状和区内老人养老需求呈现差异（表5-9），这是南海区的一个重要特征，是区政府制定购买养老服务的政策与计划时非常值得注意与回应的问题。表5-9显示了不同社区的收入差距，虽然大部分受访者的月均收入集中在2001~4000元，但是收入4000元以上的群体在旧城镇社区和新型社区中的比重要明显高于"村改居"社区，尤其是新型社区，接近4成的受访者月均收入在4000元以上，相应的购买能力较高。

表 5-9　南海区桂城街道不同社区的经济收入概况

单位：%

	"村改居"社区	旧城镇社区	新型社区	在所有收入群体中占比
2000 元及以下	37.3	15.9	5.6	23.4
2001~4000 元	51.3	55.6	55.6	53.5
4001~6000 元	6.7	15.9	17.8	11.9
6001~8000 元	2.0	6.3	12.2	5.9
8000 元及以上	2.7	6.3	8.9	5.3

调查中有 47.1%（即表 5-10 总计一栏中 23.5%＋6.5%＋11.3%＋5.8% ＝47.1%）的受访者表现出对社会养老的需求，主要集中为居家养老和社区养老，其中，新型社区的受访者更愿意选择居家养老，旧城镇社区的受访者除了选择居家养老外，还愿意选择机构养老和混合型的养老方式，而"村改居"社区还是倾向于在家养老（表 5-10）。因此不同地区养老服务发展应是有针对性和指向性的。

表 5-10　南海区桂城街道社区类型对养老服务选择的影响

单位：%

	"村改居"社区	旧城镇社区	新型社区	在总人数中占比
居家养老	19.3	23.8	30.0	23.5
机构养老	2.9	12.7	7.8	6.5
社区养老	14.3	6.3	10.0	11.3
居家养老+社区养老	2.9	11.1	6.7	5.8
在家养老	60.7	46.0	45.6	52.9

我们在初步分析了这些数据的基础上邀请了三种类型社区中的一些老年人进行了访谈，以进一步了解他们对于养老服务的需求服务，概括如下。

1. 旧城镇社区

桂雅社区是南海区桂城街道较为典型的旧城镇社区，里面有不少国企单位的旧宿舍楼和成立时间较长的小区。截至 2016 年，该社区 60 周岁以上的居民占户籍人口比例为 14.8%。其中翠云苑为南海糖厂的宿舍，居民以退休职工为主，这里是旧城镇社区的典型缩影。该小区居民曾向居委会反映过对长者饭堂的需求，居委会也曾尝试协助联系资源以发展长者饭堂，但最后由于场地限制而放弃。社区内有一家社工机构，但其承接的服务是自组织培育，因此对区内居民日常服务层面上观照较少，主要是面对居民中的"骨干"开展活动，驻点社工表示对社区的长者情况不够了解，也没有专门针对长者开展的社工服务。

我们联系的访谈对象是一对教师夫妇，他们分别为糖厂小学退休教师与管理干部，目前与一位广西籍的全职保姆同住。妻子中风数年，左手与左脚不能行动，需要借助轮椅。丈夫腿脚不便，只能在家中简单行走。访谈时该小区尚未加装电梯，两夫妇自女方中风以来都没有下楼活动过。夫妇俩自费以月薪 3400 元聘请全职保姆负责基本生活照料，以每天 120 元、每月 3600 元聘请了康复师上门提供康复护理服务。由于女方曾被评为优秀人民教师，因此享受政府提供的每周两次的由南海福利中心承接的居家养老服务，主要是家居清洁。夫妇二人的退休金每月合计超过 1 万元，当前每月的社会养老服务费用由夫妇俩的退休金和积蓄共同承担。他们表示对养老照料服务有客观需求，但是经济负担较大，希望能获得政府低价提供的同等医疗保健服务，比如每月支付 2400~3000 元，从而节省费用。

桂三社区也是桂城街道的一个旧城镇社区，里面都是旧式楼梯房，以老年居民为主。社区靠近南海文化公园，平常有较多老年人在公园内开展活动。我们在这里邀请了刚退休的一位阿姨进行访谈，她的意见在一定程度上反映了低龄老人群体的养老服务需求。她退休后是参与文娱活动的积极分子，每天都会到公园参与舞蹈和歌唱活动，觉得能消磨时间，认识新朋友，丰富日常生活，整体而言生活的满意度较高。但她觉得社区组织的活动太少，希望社区能够多开展面向老年人的文化娱乐类活动。由于她是独居，每天自己买菜煮饭比较麻烦，也较孤单，希望社区能开设长者饭堂，到饭堂就可以吃饭还可以和别人聊天。对于费用，她认为理想的情况是文化娱乐活动免费，长者饭堂每餐 10 元左右。

2. "村改居"社区

与其他两种类型的社区相比，"村改居"社区的一个明显特征是其存在以宗族为基础的社会支持网络，对宗族内的老年人提供了养老支持，主要体现为对老年人能提供日常生活照应。但随着人口结构变化和家庭观念变迁，原有的社会支持网络作用也在逐渐削弱。

雷岗东约社区是典型的"村改居"社区，有专门的老年人活动中心，但是仅供老年人集聚打麻将和下棋，参与的通常是宗族内的男性老人，他们大多在祠堂内自行组织休闲活动，大部分老人的娱乐就是看电视和饭后散步，因而老年人活动中心并没有起到真正的联络社区、服务社区的作用。在这里我们约到了一个婆婆进行访谈。这位婆婆目前独居，住在隔壁社区的女儿偶尔会在白天过来看望，邻居大多是与丈夫同一宗族的兄弟，时不时会"打个照应"。她平日较少外出，虽有亲戚相邻，但常感到无聊，对于社区活动也不甚了解，只参与过工作人员上门通知的生日会，十分希望日后能多一些活动，让她能多和村里的其他老人一起，丰富一下生活。婆婆的一只手早年受伤但一直没有做手术，对其日常使用有一定影响，因此希望能有一些康复类型的服务。对于其他服务，她表示暂时没有需求，对于社区活动的开展也希望是免费的。

大圩社区是一个非典型的"村改居"社区，在性质上难以定性。该社区还保留着农村社区的一般居住形态，但是数年前的改革使得该社区的户籍居民不再获得农村土地分红，居民因此失去了一大部分经济收入。这种情况随着土地商品化可能会越来越常见，因此我们将其纳入了考察范围，希望能获取更多不同形态社区的资料，以便使下一步的服务设计覆盖更多样化的情况，让尽可能多的人受益。我们访谈了身体自理能力在不同程度上受损的一对夫妇。妻子患有抑郁症，腿脚不方便，丈夫曾经中风，影响了日常生活自理能力，平时夫妻俩互相照顾。他们有生活照料和做餐/送餐等服务需求，但是无法承担聘请护工或保姆的费用。平常邻居们会不时帮忙买菜，但由于他们也基本是老年人，无法长期协助夫妻俩。日常三餐是夫妻俩生活中最不方便的事项，外出买菜、煮饭炒菜和饭后收拾等对两人来说都很困难，因此他们最希望有长者饭堂来解决这个最基本的需求，而对价格的要求是最好接近成本价。

大圩的另一个女性受访者目前与女儿同住，精神状态较好。女婿去世几年，没有留下子女，因此其女可以全力照顾母亲的生活起居。婆婆行动不便，外出需要借助轮椅，且长期服用降血压药，平时主要待在家里，很少参与社区活动。她共有 8 个子女，大部分都居住在桂城街道，本人享受职工医保，每月退休金收入约 2500 元。由于一直依靠女儿在家照顾，她不喜欢离开家里，很排斥养老院。但婆婆觉得依靠女儿会加重其生活与精神负担，不忍长期拖累，但请外人照顾每月至少需要 3000 多元，经济上会有较大负担。她打算维持现状继续在家养老，因此希望政府有更多现金补贴，让她能负担保姆或钟点工的费用，让女儿脱手。

3. 新型社区

新型社区是指近年来由房地产开发商建造的商住小区，一般社区建筑较新，设施较完善，有花园绿地和楼盘"会所"，能为区内居民的休闲娱乐活动提供一定的空间与场所。社区内以中青年居民为多，经济条件普遍较好，老人通常是以家庭的形式与其他家庭成员一同居住在社区内。我们走访了翠颐社区，内有两个大型楼盘，设有关爱桂城创益中心与社区活动中心，并有专门的社区微信公众号发布相应的工作信息。在那里我们访问了一位伯伯，他们夫妻俩和儿子一家同住，身体状况较好。伯伯积极参与社区活动，平常会到社区里的曲艺社参与活动，知道社区里还有老年人跳舞团体以及可以给老年人打牌的活动中心。伯伯对于社区活动中心提供什么服务和开展什么活动并不知晓，但是经过社区工作人员提醒他表示会多留意公众号上发布的活动信息。由于其各方面状况良好，生活满意度尚可，对居家或社会养老服务需求并不明显。由于伯伯患有系列慢性病，对食物要求较高，认为长者饭堂的一般食物难以满足他的需求，因此觉得无所谓有无。社区内资源较丰富，大型楼盘里也都配套了社区卫生中心、菜市场、超市等，居委会、街道办也比较近，社区安保、管理等都有保障，平时有什么需要维修、维护的可以随时致电物管，生病的时候也可以到社区中心看病开药，周围的店铺很多，生活方便，因此对养老服务没有特别需求。

根据这些信息我们可以大致梳理出不同社区中的养老需求差异。旧城镇社区与新型社区的老年人基本有固定的收入，居家养老服务接受程度较高，但主要是通过市场获取的私人服务，集中在家居清洁等基础的方面，这类社区医疗等资源可及性较强，此类需求并不突出。"村改居"社区的老年人的经济压力相对较大，由于宗族观念与农村生活习惯，社会化养老服务的概念比较淡薄，较排斥与陌生人接触，基本只考虑在家中接受家属照顾，对家属造成了一定的照护与经济压力。三类社区的受访者的共同需求主要是长者饭堂和精神层面上的需求。我们将这些情况综合为图5-14。

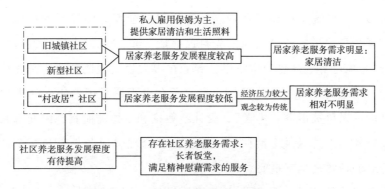

图5-14　不同类型社区养老服务需求归纳

六　现状与问题

当前桂城街道下辖的社区都有针对居民开展的活动，但各种活动是分散设计与进行的，因此难以全面统计，也缺乏整体的规划与目标。桂城街道通过财政拨款购买的长者服务则主要通过"关爱基金"统筹，2017年的购买情况主要有五项。育才社区的服务购买更侧重于自组织培育而非养老服务的递送；夏南一社区和石肯社区的服务类似，前者为老年人链接"家庭医生"资源及开展安全教育活动，体现了社区养老服务中的转介作用，后者面向老年人开展恒常娱乐活动，关注老年人心理健康需求，在一定程度上满足了老年人精神方面的需求；桂园社区的项目包括老年人日托、社区探访、生命教育和隐蔽长者关怀活动等，着重为老年人提供生活照料方面的服务，也实现了部分精神慰藉的功能；桂城长者颐乐中心院舍长者服务项目则为院舍内的老年人提供康复服务和心理健康层面的引导，属于机构养老服务。现时桂城街道的养老服务中，若以能否满足老年人生活照料和精神慰藉两方面为评判标准，则只有桂园社区的长者服务是严格意义上的社区居家养老服务。综合调研中获取的问卷数据、访谈资料与各社区的服务情况汇总信息，我们发现桂城街道各社区发展养老服务过程中主要有以下问题。

1. 社会化养老概念未形成，养老服务的有效需求不足

桂城街道老年人整体对社会养老服务的需求不明显，社会化养老的概念尚未形成。传统文化和消费观念使人们对社会养老的接受度偏低，老人普遍的观念是"可以自己完成的先自己完成"或"可以由家里人做的就不要外人"，家庭养老观念非常浓厚，养老在很大程度上还被认为是家庭内部的事情，是子女必须承担的责任，多数子女也不愿意把老年人送离原来的家庭环境，以免被指责"不孝"，受社会舆论和道德的谴责，因此都较排斥由亲属以外的人员提供生活照料。这意味着合理引导老年人乃至全社会对社会养老的理解是具有重要意义的事情。

和其他群体相比，老年人由于经历过经济困难时期，大多崇尚节俭，消费观念相对保守，重积蓄轻消费、重子女轻自身等现象广泛存在，购买服务的意识不强，很多老年人不愿意花钱购买照料服务。因此，我们需探讨当前实行的对老年人的现金补贴措施转变成提供服务的可行性。

另外，我们收集到的养老服务需求主要集中在居家养老和社区养老服务上，显示老年人对"就地养老"的认同，这启发我们在下一阶段的养老规划中要强调本地化的概念。

2. 基础性养老需求为主，专业性养老需求少

居家养老服务需求主要集中在家居清洁和做餐/送餐，而社区养老服务需求主要集中在长者饭堂和老年人康乐设施，整体而言这些需求类别的专业性较低，而居民对于专业性较强的服务如医疗、精神健康、护理等需求不足，导致这种现象的有几方面的原因。首先是本次调研选取的样本问题。桂城街道的老年人身体状况整体而言较为健康，因而对医疗方面的需求相对较小。其次，由于当前桂城街道的社会化养老发展程度普遍较低，主要靠社区提供，具体的载体为社区幸福院和老年活动中心（或"老年星光之家"），各社区资源与能力不一，因此服务水平参差不齐，接受过服务的老年人群体规模较小，对不同形式的社会化养老服务认知度普遍较低，因而对社会化养老存在一定的偏见，也有认为养老服务就是搞文娱活动的，对

服务的专业性不甚了解，或存在误区。再次，由于老年人接触的健康管理信息有限，对于养老照料的思维停留于日常生活中的"衣食住行"层面，对康复和保健的需求意识不强，由此对专业性要求较高的医疗服务需求偏低。最后，对在旧城镇社区和新型社区居住的老人而言，他们可能有其他渠道获得在医院就医的机会，从而减少了养老服务中的医疗需求。

3. 非正式照料替代正式照料，压缩社会化养老空间

当前，非正式照料和正式照料存在相当大的替代性，这种情况在"村改居"社区更甚。在大部分的"村改居"社区中，老年人群体普遍依赖家庭网络提供非正式照料，传统的"养儿防老"观念和对非本宗族人士的防范心理使他们比较排斥生活照料等可能需进入家内、有密切身体接触的服务内容，固化了其养儿防老的观念，影响了社会化养老服务的市场。而旧城镇社区和新型社区的老年人经济状况普遍较好，因此能从市场中获取私人提供的专业性较强和替代性较低的照料服务，对政府提供的养老服务的需求降低。由于当前社会养老体系的建设处于初级阶段，能提供的多是按时段计量的照料服务，并不能满足全方位或全天的照料需求，老人不得不从市场寻求能满足需求的服务，进一步排挤了政府规划的养老服务的发展空间。

4. 社区之间基础条件差异大，制度设计"一刀切"

桂城街道内 43 个社区的养老服务设施基础差异较大，主要影响因素为社区的居住形态和社区内居民的经济能力。我们了解到，社区之间发展不平衡主要体现在"城乡"的维度上，具体而言就是"村改居"社区和其他社区之间。"村改居"后社区公共服务的功能凸显，服务对象由原住居民拓展为社区全体居民。随着社区居民生活状况与目标的多样化，服务需求层次越来越多，数量越来越大，要求也越来越高。但在现实中，社区却因为各种原因无法提供有效的服务来满足这些需求，引发了一些矛盾，也给社区发展造成了瓶颈。在社区公共设施建设方面，与城市社区相比，"村改居"社区基本使用原有的村居设施，严重落后于城市，公共服务设施也非常欠缺，通常只有用祠堂充当老年人的活动场所，除此之外就是开放程度不高的"老年星光之家"，因场地受限，老人一般只能打麻将、玩棋牌，这

些不足在很大程度上制约了"村改居"社区的建设与发展。但桂城街道养老服务的制度规划往往是"一刀切"的，城乡之间、不同社区之间的差别与特点没有得到足够的重视。

5. 老年人养老需求同质化

老年群体是一个差异性很强的群体，不同的经济水平、文化程度、消费观念、身体状况、家庭情况等因素会导致养老需求的差异。老年人的养老需求是多样化的，然而，当前不同社区提供的不同类型的养老服务往往把将老年人的需求同质化，导致供需缺位和错位现象突出，比如几乎所有社区都有几乎一样的兴趣班和健康讲座，活动形式化，没有针对性，停留在初级的一般性活动层面上。

6. 将"社区活动"等同于"养老服务"

各社区提供的活动都是较基础的文化娱乐活动，组织难度较低，专业性不强，虽在一定程度上可以丰富老年人的生活，但参与人数不稳定，无法引起有其他专门需求的老人的注意，对老年人群体的覆盖相对有限。同时，有些活动并不是专门为老年人群体开展的，"社区活动"不是老年活动，更不是严格意义上的"养老服务"，与政府提倡发展的养老服务存在明显的界限。

这与社区规划发展的养老服务定位不准确有关。大部分老年人身体状况尚可，日常生活自理能力受损的比例通常并不高。有特殊身体问题需专门照料的老人本身就较少参与需求信息表达，对该群体的服务开展难度也较大，因此老年人的服务需求常被定位为康乐需求，掩盖了生活自理困难人群的需求。而养老资源主要应用在健康老人或社区参与积极性较高的老人身上，容易造成养老服务等同于社区活动的误区，导致了养老服务在初级阶段的固化。当然，此现象与当前有限的养老资源和社会对养老服务的低接受程度也有很大关系。因此，改变养老观念，普及社会化养老服务概念是下一阶段养老服务推广与发展的重要思想基础；而对不同老年群体的深入了解，包括各年龄段、各社区类型、各种经济状况、各家庭状况老人的特征与需求，是设计相应服务的重要前提，只有足够的了解，才能将服务具体化，有的放矢，避免形式化与泛娱乐化。

第三节　南海区政府购买养老服务的规划

南海区政府提出到 2020 年前要全面建成智慧养老综合服务管理平台，完善城乡养老基础设施，形成服务规范和服务标准，建设养老服务人才队伍，构建以居家养老为基础、社区养老为依托、机构养老为支撑的，功能完善、规模适度、覆盖城乡，具有南海特色的智慧化、信息化、标准化的养老服务体系。依据调研团队掌握的数据资料，按南海区的这个大思路和方向，我们对"智慧养老"平台的整体运行进行了设计规划，重点有二，一是积极回应服务使用者的需求，二是打造平台效应，集结多样化的服务提供者，各取所长，激发良性竞争。

一　"智慧养老"平台的运行原则与方向

（一）需求导向，提升总体服务的回应性

按照区政府制定的"政府主导、政策扶持、社会参与、市场推动"的原则，建立这个普惠型养老服务体系最应该关注的一是城乡间的平衡与合理布局，二是形式多样、功能齐全，能回应不同老人群体的需求，三是积极发展居家养老服务，重点放在家居清洁、做餐/送餐及外出陪护服务上，将服务内容细致化、具体化，四是设计应有延展性，有拓展空间，以便日后根据老年人的实际情况来丰富服务项目的内容和供给，在不同形势下能灵活多变。这几点的核心就在于需求导向，因此整个设计都应围绕使用者的特点、习惯来进行，还应有一定的引导性，利用平台来塑造使用者良好的服务使用习惯，在过程中逐渐改变养老及消费观念。

（二）平台搭建，构建"一网三层"养老服务体系

将社区幸福院、居家养老服务点等线下养老机构统一纳入智慧养老综合服务平台管理，整合各类养老服务资源，形成一个关爱与服务完整互动的系统平台；构建以智慧养老综合服务管理平台为"网"，以机构养老、社区养老、居家养老为"层"的"一网三层"养老服务体系，有效满足老年用户在安全监护、健康管理、紧急救助、生活照料、休闲娱乐、亲情关爱

等方面的养老需求。

（三）市场主导，促进养老服务社会化运营

南海区通过推行社会化养老模式，让市场来引导养老服务的形式、种类、内容和人才，同时加大行业监督和监管力度，促进了养老服务的社会化运营和规范化发展。这为平台的建设提供了良好的运营基础。智慧养老综合服务管理平台将以信息化和智能化呼叫服务为核心，打造线上、线下互联互动的养老"O2O"模式。平台以建立服务商库的方式，让养老服务商提供适合老人的个性化的居家养老服务，让老人能根据需求自行选择服务种类，并通过24小时监督体系和服务回访机制筛选服务供应商，确保养老服务质量。在我们提出此规划之时，区政府已对接资源完成了手机App"南海健康"的开发，能为老人提供送餐、送货、维修、理发、家政、社工、理疗等全方位的生活服务，同时还建立了老人健康数据档案、健康分析报告等，可让老人及子女随时了解其健康状况。平台还将对接南海各类医疗机构，为老人提供紧急救援、陪诊、体检、健康护理等医疗服务。南海区通过智慧养老服务平台、"南海健康"App形成运营及管理的闭合，将养老服务推向市场形成社会化发展，让居家养老服务最大限度地惠及社会其他老人。

（四）引入"顾客评价"，重视使用者的服务满意度

政府购买服务的最终受益者应是大众。大众作为服务的最终目标，对政府所购买服务的质量进行评估是其权利，也是其义务与责任，在此环节中具有不可替代性。因此，南海区在购买养老服务中应注重培育使用者的评估意识，完善顾客评估的制度，将顾客评价的主体、客体以及主客体之间的关系，相应的评价流程、标准，主客体之间的权利、责任等通过一系列的规章制度固定下来，确保顾客评价能发挥积极的作用，能通过评估有效提升服务质量。我们建议南海区开发便于使用者评估、反馈的小程序，积极使用平台服务数据，并以定期回访的方式广泛收集意见，及时掌握使用者与服务提供者的动态。

（五）数据支撑，让养老服务更加精准

随着老年人养老服务需求的日益增长与多样化，居家养老服务需求已

从普通的衣食住行延伸到了心理健康需求、生理机能恢复等多方面，高素质和专业化的需求将会越来越多。南海区应充分利用智慧养老综合服务管理平台，建立老年人养老需求大数据库和服务供应网络，建立养老基础数据库，为全区 60 周岁以上的老年人建立基础信息档案。同时，平台应依托社区对数据进行更新，实现对老年人信息的动态管理。这些数据能保证服务的精准化、个性化、多样化，有效解决线上与线下脱节、社区养老资源不足以及服务不及时、不到位、不专业等问题。应以技术手段实现精准的平台养老地图功能，比如地理位置准确对应到镇街每一区域的住宅楼，鼠标所及就可以一目了然地知道老人下单的项目信息、服务需求、服务时间、收费等事项，平台就可根据长者的需要"发包"到入库的各服务商，业务能迅速、就近派送到对应的供应者，为长者提供各类服务，完成服务后 App自动完成计时、计费工作。

二　"智慧养老"平台的运作模式

平台上线后，南海区内的所有养老服务机构均会接入平台。区内长者可以通过手机客户端登录，在平台储存家庭住址、联系方式、身体状况等个人信息，形成数据库。同时，平台会给享受居家养老服务的长者发放名为"小壹助手"的终端，这种终端具有定位和通话等功能。长者可通过平台查看居家、社区和机构服务的各种资源，并进行选择与下单。整个平台的运作可总结绘制为图 5-15。

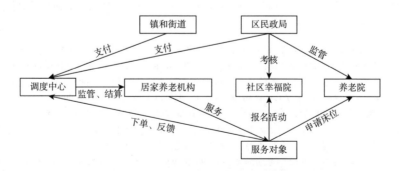

图 5-15　"智慧养老"平台运作模式

如图 5-15 所示，平台设有调度中心。入驻平台的居家养老机构会发布服务项目，长者可通过平台了解其内容、价格与评价情况，于每个月月初通过终端选择不同的服务套餐，各机构根据长者订单上门提供服务，服务人员在服务时需要拍照、定位、记录服务时长，并将基础信息上传至平台。月末，调度中心会对每位接受服务的长者进行电话回访，根据回访情况和服务记录对机构的服务进行监管，并统一结算服务费用。平台上线后，政府提供给 14 类老人①的居家养老补贴将统一调拨到长者的平台账号，供其自行订购服务使用。其他没有政府补贴的长者也可以通过平台账号自费购买服务。平台引入后，居家养老服务将从政府直接购买转变为政府补贴下的市场交易，服务机构的准入、过程协助、服务监管和费用结算等工作由平台的调度中心负责。

在社区养老方面，平台对于社区幸福院来说主要有三项功能。第一，幸福院可以在平台上发布每周的活动信息，拥有账号的长者可通过平台报名，活动结束后，有关的通讯稿也会在平台上发布，长者可见。第二，区政府已在一些幸福院投放了名为"健康小屋"的一体化自助体检设备，长者体检的数据可通过设备传输到平台数据库，使长者家属能实时了解长者的健康状况，这些数据也将保存作为养老服务和医疗服务的参考。第三，幸福院会将日常运营的相关资料上传到平台，向区民政局开放，民政局可利用平台对幸福院进行评估和监管。

而在机构养老领域，平台运营起来以后，区内公办和民办养老院将全部被接入。区政府在一些养老机构安装了监控以了解硬件设施的运行情况，

---

① 14 类老人分为 3 类调整补贴标准，入住福利机构老人不再享受居家养老服务政府补贴。A 类（每月享受 500 元/人服务资助）：1. 在册救济的"三无"孤老；2. 低保户里 70 岁以上独居或仅与残疾子女生活的老人；3. 低收入孤老（月收入低于 600 元）；4. 优抚对象孤老；5. 1~4 级 60 岁以上革命伤残军人；6. 市级以上劳动模范；7. 100 岁以上老人。B 类（每月享受 400 元/人服务资助）：1. 低保户里 60 岁~69 岁独居或仅与残疾子女生活的老人；2. 低收入孤老（月收入低于 800 元）；3. 民政、社保代管退休人员中，月退休金 800 元以下、70 岁以上的独居及生活自理困难的老人；4. 1~4 级未满 60 岁的革命伤残军人。C 类（每月享受 300 元/人服务资助）：1. 90 岁~99 岁老人；2. 低收入（月收入低于 800 元）困难户里 70 岁以上独居或仅与残疾子女生活的老人；3. 民政、社保代管退休人员中，月退休金 800 元以下、60 岁以上的独居及生活自理困难的老人。

养老院录入的长者入住、护理等级等信息和日常工作情况的信息都将上传到平台，以实现区民政局更实时和便利的监管。同时，长者也可以通过平台查询养老机构的空余床位、价格标准、服务评价和地址等信息。

总体来说，智慧平台的应用能使长者更充分、及时地了解区内不同机构的服务、活动、设施，实现不同镇街养老服务运行的统一，整合各类养老资源，更好地满足长者需求，构建"一网三层"的养老服务格局。主要的服务内容与功能可见图 5-16。通过长者、服务提供者的信息上传，区民政局和相关部门可加强对各个机构的监管，开展评比工作，更好地了解区内长者信息，规划养老服务。最关键的是，在平台上，长者拥有最终的选择权和评价权，服务机构以服务竞争，可以推动养老服务质量、效率的提升和专业化发展。

图 5-16　南海智慧养老平台一网三层的运作模式

第四节　案例总结

我们设计"智慧养老"服务平台架构与运作模式的初衷就是突出使用者话语权，用市场的规律活化竞争，这是与我们对三元主体关系的理解与主张相契合的一种实务体现与运营方式。

我们认为，要实现使用者在三元主体中与另两元同等的地位，一是从购买方与服务承接方入手，即在禅城的案例中所做的——保证切实深入的需求调研，了解到最精细处；二是从服务使用者自身入手，即在本案例中所做的——引入一种将使用者的服务期待与需求"具象化""可操作化"的机制，让使用者自己的声音能被表达出来，要做到这一点有两个基础。

一是扎实的社区调研与需求评估步骤，无论是从购买方、服务提供方入手还是从服务使用者入手，这一点始终不能将就，也不能折中，必须用最认真的态度开展。在南海区的调研中，我们还充分考虑该区的特点，比如存在较大城乡差异与"村改居"社区的宗族气息，这是南海的历史与文化传统，是老人养老观念的依托，我们必须在一定的社会背景下来看待和理解，才能明确他们对养老不同的需求从何而来，才能使服务的设计循序渐进、合理可用，使用者才真正会去使用。

二是要有一些技术支持，将学术的论点与逻辑、日常生活的经验和期望以及科技上的表达合而为一，设计一个层次分明、功能清晰、使用便利、布局合理的程序，从使用者角度出发从技术上实现"用手投票"。这样的设计也是从需求出发、尊重使用者、以人为本的。

服务使用者满意是政府购买服务的最终目的，服务质量的优劣直接关系到使用者的切身利益。引入顾客评价机制有利于协调购买者、承接者与使用者之间的关系。首先，以使用者评估来推动服务提供者不断改进服务质量；其次，购买者通过收集使用者反馈的信息，及时掌握服务承接者的实际服务质量，从而实现更有效的监管；再次，政府部门还可以利用平台统筹信息，获取区内老人群体整体状况的大数据，为决策提供直接依据。这些都可以利用技术手段实现。

在本案例中，很关键的一点是用市场运作的逻辑与机制保证充分的竞争。"智慧养老"平台就犹如养老服务中的"大众点评"，对使用过的服务作出评价能为其他人提供参考信息，为好的服务积累口碑，自然也会淘汰质量欠佳的供应商。在优胜劣汰的操作中，服务承接者会基于顾客评估的压力，积极改善自身状况，提供质量更优的服务。

要做到这一点有一个前提，就是有数量足够的服务供应商参与竞争，基数越大，公众选择越多，越能产生充分的竞争。这需要政府放开养老领域，扶持和培育不同特色、处于不同发展阶段的机构。随着全区性养老平台的搭建与自主购买模式的推广，南海区在购买服务方面逐渐呈现"小而灵活""百花齐放"的局面。一方面，平台面向区内外所有机构，只要符合条件均可申请，有利于吸引更多专业机构进驻。另一方面，通过将服务选择权还给使用者，一定程度上盘活了养老服务供给领域的活力，在具有竞争性的环境下，各机构为了获得更多的资源与机会（无论是来自政府的还是来自其他渠道的支持），就必须以顾客为导向，不断提升服务质量，提高自身的社会公信力。

另外，保证机构在一定程度上"有利可图"才能维持服务提供的动力，而这种"盈利"并不违反社会服务机构的"非营利"性质——它们虽不以赚钱为目的，但如能从政策上保障机构对经费的灵活使用与累积，实现财务上的结余甚至增值，无疑能鼓励机构与员工做好节流开源，扩大发展。这也将在一定程度上鼓舞更多有志于在养老服务领域发展的社会组织参与进来，从而提升整体的服务供给。

区政府应在社会组织培育发展、养老行业统筹、制定服务标准等方面发挥枢纽作用，将采购、具体运作与监管等自主权下放至各镇街，使其能"量体裁衣"，用更适切、本地化的服务取代以往的"一刀切"，也就是说，在购买上要"循证决策"，根据调研掌握的情况判断社区养老需要的类型与层次，有针对性地为不同类型的社区提供各具特色的分类发展模板选择，并协助其开展服务，确保将有限的资源都用在最需要、最能见到效果的服务上。因此，购买方的权力与角色也应该是"分层"的，下一级政府与供应商之间的关系应更接近合作关系，区一级政府应更趋向于枢纽，而服务使用者则是最终的受益者与话事人。在这样的角色划分中亦可再融入上一章中讲述的购买者与承接者利益相连、互相制衡的合作关系，进一步将政府的枢纽功能抽离出来，形成独立、专业的购买事务委员会，负责所有与政府购买相关的规范制定、流程统编、细项处理、行政事务、申诉仲裁等，让政府购买公共服务迈向专业化与专门化。

在下一章中我们将阐述三水区的案例，其不同之处主要在于筹资方式与参与主体的灵活多样。与禅城区和南海区不同，三水区在实践中采用的是以政府与个人出资配套的方式来激发服务使用者的主体性，鼓励政府各部门、营利组织、非营利组织、个人、家庭都参与服务的提供，让我们看到了在重视使用者、突出使用者地位，平衡三元主体关系上的另一种思路。

第六章 佛山市三水区：灵活筹资模式，多元主体参与

本章将介绍佛山市三水区政府购买养老服务的案例，其特色在于它创建的"政府+个人"的筹资模式，以及引入多主体供给养老服务，在尊重本地传统和文化的基础上最大程度实现养老的社会化，是一种循序渐进的做法。

第一节 案例背景

三水区的老年人口比例自 2010 年起进入持续增长阶段。截至 2017 年底，三水区户籍人口共 423300 人，60 岁以上人口共 77398 人，占 18.28%，老龄人口占比已经超过全国 16.7% 的水平。高龄化、空巢化、失能化是三水区老年人口的重要特征。2016 年，三水区纯老年家庭人口数接近 2 万，家庭小型化、原子化趋向明显，传统家庭养老功能逐渐衰弱。2017 年时三水区人口中 30~34 岁及 45~49 岁的群体出现了明显的峰值（图 6-1），10 年后当 45~49 岁的群体迈入 60 岁，三水区将迎来历史上第一个老龄人口高峰，再过 10 年又将迎来另一波高峰。因此，积极进行养老规划与布局相当有必要。

与禅城区、南海区相比，三水区的城乡差距更显著，城市型社区与农村型社区在养老服务需求上呈现很大的差异性，因此在养老服务体系的发展上面临很大的难题，具体体现为以下几点。

第一，养老服务设施尚未普及，民众的社会养老意识较弱。多数老年人在有养老护理需求而家庭内部又无法提供支持时，首先考虑的是在家养老，聘请全职私人护工或钟点工，大多数老人没有社会养老的观念。2018年，三水区符合条件同时自愿享受政府全额资助购买服务的居家养老服务

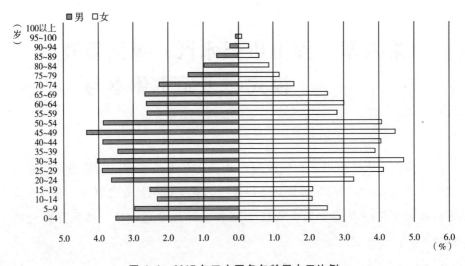

图 6-1　2017 年三水区各年龄层人口比例

对象共约 1000 人，仅占全区 60 岁以上人口的 1.25%；居家养老和社区养老在三水区未全面推开，老年人对其也未有足够的认识。

第二，农村人口多，农村养老问题严峻。三水区农村户籍人口占比达 27%，位佛山市五区之首。农村社区形态在乡镇中占较大比重，越来越多本地青壮年为追求更多教育资源与就业机会离开农村前往广州或深圳，而安土重迁的老一辈则更愿意在本地度过晚年，这为我们搭建依托宗族力量的养老支持网络留下了空间。近年来，三水区城区的交通优势和相对较低的房价吸引了许多白天在广州工作、晚上回三水居住的"候鸟"型外来人员，乡镇的工业开发园区也涌现大批外来劳动力。这些新增人口的父母辈随迁至三水，非户籍常住老年人口的增长也对三水的养老服务提出了新的挑战。

为解决这些问题，三水区已在居家养老服务领域开展了一些探索与尝试，比如在各镇街设立公立或私营养老机构，并通过购买服务的方式逐步扩大服务供给，但其养老事业仍处于起步阶段，欠缺发展规划、配套制度，部门间仍未建立有效的合作，服务设施及水平参差不齐，社区养老载体不足。

2018 年三水区政府邀请笔者所在的调研团队对三水区养老服务的整体

状况进行摸底，并结合不同社区的实际情况构建一套适合的养老服务模式。为此，我们进行了普查与问卷调查，并在获得的初步数据的基础上走访了一些社区，对一些服务对象进行了访谈，了解到了三水区老龄化的现状与特征。基于三水区不同于禅城区和南海区的特点，我们认为三水区在养老服务的规划上要更注重城乡差异带来的影响，要有更灵活的购买与服务方式，结合地方文化、人口特点因地制宜地推行。这就是我们规划其养老服务的总的原则。

第二节　政府向社会组织购买养老
服务的需求分析

一　普查数据分析

（一）失能状况

各镇街配合我们调研的需求上交了老年人口统计数据，综合来看，截至 2018 年 6 月底，三水区户籍 55 周岁以上的女性失能人口和 60 周岁以上的男性失能人口合计 3131 人。我们用日常生活自理能力评估量表（ADL）测量了区内老人在进食、洗澡、修饰、穿衣、大便控制、小便控制、如厕、床椅转移、平地行走和上下楼梯共十个方面的自理能力，并根据得分划分失能等级。其中重度失能的人口占比最高，总计达到 42.57%，在各社区中占比均高于中度失能人口，有些社区甚至高于轻度失能人口（图 6-2）。

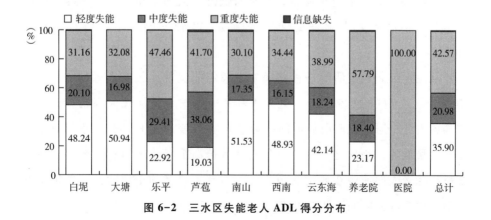

图 6-2　三水区失能老人 ADL 得分分布

将数据按不同社区类型分类后，可发现农村地区老年人失能程度高于城镇地区（图6-3）。

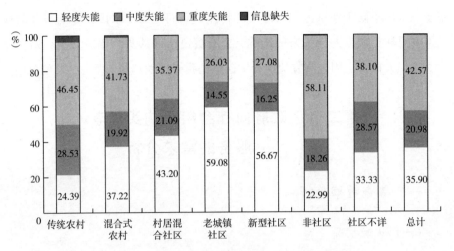

图6-3 三水区各社区类型失能老人 ADL 得分分布

在年龄分布上，80~89岁群体占比最大，高达41.65%（图6-4），其次是70~79岁，占22.68%。三水老人失能发生的大体规律为：小部分人在步入退休年龄后开始出现失能状况，随着年龄增大比例上升，当老人活过本地区人均预期寿命（75~80岁）后，失能情况开始以较大比例增长。因此在规划中我们应考虑对不同年龄段老人的不同工作重心，如果目标是提高健在老人的生活质量，那么对低龄老人的工作重点是延缓失能的发生，对中高龄老人则是提供生活协助，减轻失能对生活质量带来的冲击。

从三水区老人生活的迁移路径来看我们能发现比较有意思的一点。西南街道是三水区的经济中心，处于青壮年时期的各镇居民大都迁移到此处工作或就此定居，但西南街道的高龄老人（80岁以上）却是三水所有镇街中比例最低的，相比之下，芦苞和大塘等镇高龄老年人口相对较多。这可能是因为老人即使曾在西南街道工作，但到了养老的最后阶段，如果条件合适，他们都更倾向于回村养老。

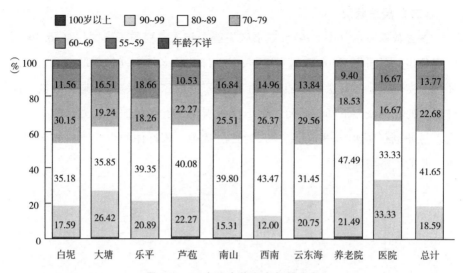

图 6-4　三水区失能老人年龄分布

老年人的失能程度亦明显随着年龄增大而越趋严重。根据普查数据，全区 60～69 岁老年人仅有 0.99% 出现失能情况，而 80～89 岁老年人的失能率已高达 14.49%（图 6-5）。

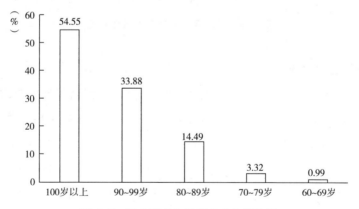

图 6-5　三水区各年龄段老人失能比例

在不同的社区类型中，新型社区的失能老人相对年轻，有 45% 的失能老人在 79 岁及以下；农村地区（传统农村和混合式农村）的失能老人总体更高龄，约 60% 的失能老人为 80 岁及以上。

（二）居住状况

普查数据显示（图6-6），三水区失能老年人主要与子女同住（46.4%），随后是与配偶同住（30.9%），这反映了大部分的老年人能够获取来自家人的照料和支持。但要留意的是随着独生子女家庭的家长陆续进入退休年龄，同住老人的比例或会下降，因而我们不能将同住子女提供照顾视为一种必然形态。另外也有高达14.8%的老年人为独居状态，该群体的生活照料问题则需进一步的了解与分析。

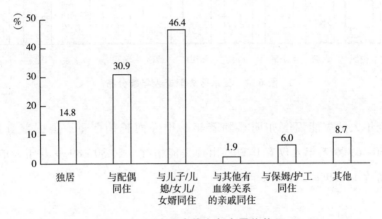

图6-6 三水区失能老年人居住状况

（三）经济状况

从全区老年人退休收入的统计数据来看，三水区城镇地区与农村地区的老年人经济水平存在一定差异。在全区32133名城镇职工离退休人员中，除2750人（8.56%）月退休金在1000元以下，其余人员均有1000元/月以上的稳定退休金，但大多数人（超过25000人）退休金低于3000元，而西南街道的养老院舍床位费普遍在3000元/月左右，这意味着即使是相对优势的职工群体，要以退休金自费负担床位仍是相当不现实。而38020名城乡社保参保人领取的退休金则远低于此水平，月均退休金在200元至500元不等。此两类退休人员人数之和少于三水区60岁以上老人总数，差额大致是低保人群和部分在社保制度改革之际因年龄超过可购买社保的年龄上限而无法购买社保的老年人。详细数据见表6-1、表6-2。

表 6-1　三水区城镇职工（机关、事业、企业）60 岁以上离
退休人员退休金与年龄分布①

退休金 （元/月）	100 岁 以上	90~99 岁	80~89 岁	70~79 岁	60~69 岁	总计
0~1000	0	0	0	6	2744	2750
1000~2000	0	5	174	906	10298	11383
2000~3000	9	159	1129	3590	7406	12293
3000~4000	4	37	476	971	427	1915
4000~5000	2	5	101	252	291	651
5000~6000	1	196	352	330	897
6000~7000	0	7	193	599	631	1430
7000~8000	0	4	81	161	284	530
8000 以上	1	10	89	70	114	284
总计	17	245	2439	6907	22525	32133

表 6-2　三水区城乡居民 60 岁以上离退休人员退休金与年龄分布（2018 年 7 月）

退休金 （元/月）	100 岁 以上	90~99 岁	80~89 岁	70~79 岁	60~69 岁	总计
200~300	48	1252	4703	5682	12216	23901
300~400	0	5	11	457	5411	5884
400~500	2	53	1136	6950	94	8235
总计	50	1310	5850	13089	17721	38020

二　问卷调查数据分析

结合普查数据，我们按社区类型、地理位置分布、失能老人分布等多个维度的标准选取了 12 个社区、4 所养老院开展问卷调查，意在获取三水区目前老年人口的具体老龄化情况及养老需求。

---

① 截至 2018 年 7 月，由于数据导出时无法针对性别做出区分，故此处未采用男性 60 周岁以上、女性 55 周岁以上的标准筛选人员，统一采用年龄 60 周岁以上为筛选标准。表 6-2 同。

（一）样本总体情况

对居住在家的失能老人我们在三水的 7 个镇街 12 个村居共回收有效问卷 321 份，如表 6-3 所示。所得样本展现出以下特点：样本以女性为主（57.32%）；平均年龄为 79.99 岁，其中，80~90 岁的老年人占比最大，达 41.43%；84.42% 的样本教育水平在小学及以下；婚姻状况为"已婚"和"丧偶"的受访者各占 47.98%；53.90% 的受访者月均总收入在 1500 元以下。经过分析，我们认为三水区各村居的社区类型可以按居民的聚居形态分为三类：农村社区（居民居住在分散的自然村中）、村居混合社区（辖区内既有人口密度大的镇面楼房也有大片自然村）与城镇社区（居民集中在城镇化的楼房中），同一类型的社区具有相似的特征，影响着老年人的养老现状与养老服务选择意愿。

表 6-3　三水区社区样本人口社会学特征

特征				数量（n=321）	百分比（%）
	社区	按住房类型分类	按居住形态分类		
村居	乐平三溪	传统农村	农村社区	28	8.72
	芦苞独树岗	传统农村	农村社区	23	7.17
	西南五顶岗	传统农村	农村社区	28	8.72
	云东海鲁村	混合式农村	农村社区	29	9.03
	白坭富景	村居混合社区	村居混合社区	29	9.03
	乐平社区	村居混合社区	村居混合社区	30	9.35
	大塘社区	老城镇社区	城镇社区	19	5.92
	芦苞社区	老城镇社区	城镇社区	27	8.41
	南山漫江	老城镇社区	城镇社区	31	9.66
	西南园林	老城镇社区	城镇社区	29	9.03
	西南沙头	新型社区	城镇社区	20	6.23
	西南桥头	新型社区	城镇社区	28	8.72

续表

特征		数量 （n＝321）	百分比 （%）
性别	男	137	42.68
	女	184	57.32
年龄	91 岁及以上	55	17.13
	80~90 岁	133	41.43
	70~80 岁	73	22.74
	60~70 岁	58	18.07
	55~60 岁	2	0.62
平均年龄为 79.99 岁			
文化 程度	小学及以下	271	84.42
	初中	25	7.79
	高中/中专/职高	20	6.23
	大专	1	0.31
	本科及以上	3	0.93
	无法回答	1	0.31
婚姻 状况	已婚	154	47.98
	离异	2	0.62
	丧偶	154	47.98
	同居	6	1.87
	未婚	4	1.25
	无法回答	1	0.31
月均 总收入	500 元以下	56	17.45
	500~1000 元	83	25.86
	1000~1500 元	34	10.59
	1500~2000 元	21	6.54
	2000~2500 元	29	9.03
	2500~3000 元	24	7.48

续表

特征		数量 （n=321）	百分比 （%）
月均 总收入	3000~3500元	25	7.79
	3500~4000元	3	0.93
	4000~4500元	6	1.87
	4500~5000元	1	0.31
	5000元以上	26	8.1
	不清楚	1	0.31
	无法回答	12	3.74
社区 类型	农村社区	108	33.64
	村居混合社区	59	18.38
	城镇社区	154	47.98

而对于机构养老的老人，我们在三水区4所性质分别为纯公办、公办收费、公建民营和纯民营的养老院共回收有效问卷98份。所得样本主要有以下特点：样本以女性为主（64.29%）；平均年龄为82.31岁，其中，80~90岁的老年人占比最大，达47.96%；89.90%的样本教育水平在小学及以下；婚姻状况为"丧偶"的受访者占比最大，达71.43%。由于入住养老院的老人多数失能程度较重，由子女为其打理财务，甚至有为使老人安心入住养老院故意对其隐瞒养老院花销的情况，故老人未必了解自身经济收入与日常花销情况。

（二）居住状况

在家养老的老人中，与配偶同住的受访者占45.48%，与儿子/儿媳/女儿/女婿同住的占42.06%（图6-7），其中，农村社区的独居受访者比例明显高于城镇社区，与子女一代同住的比例也低于城镇社区。受访者的居住状态通常反映了老年人在家庭网络中可获取的养老资源，这样的结果显示农村社区受访者能直接获取的养老资源可能少于城镇社区受访者。

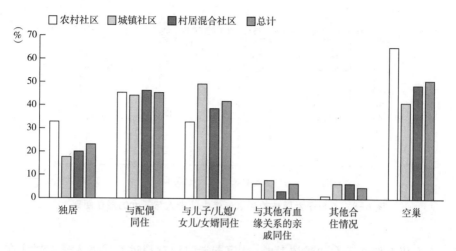

图 6-7　三水区社区失能老人居住状况

　　与配偶同住、不与子女同住的受访者占 28.04%，与 23.05% 的独居受访者合计为 51.09% 的空巢群体，其中，农村地区空巢率高于城镇地区；过半数的受访社区空巢老人比例超过 50%，其中，城镇型社区中的大塘社区空巢老人比例最高，达 78.95%。不与子女同住的 180 名受访者中，76.11%与子女住在同一镇街，各类型社区情况差异不大（图 6-8）。然而，结合社区走访数据，我们发现农村社区的老年人与子女同住的比例低也有可能是因为他们通常与子女相邻而居，子女可能定时到老人家中提供照护，比如每天帮忙买菜送到家中，或帮忙做一下清洁，也在一定程度上为其提供了支持；与此同时我们也发现部分农村老人子女外出工作，村落整体呈现老龄化与衰败景象，由此带来的养老风险不容忽视。另外，我们还需要关注空巢老人的夜间照料需求，即晚上睡觉或是上厕所过程中出现意外的话，若子女不同住则容易延误被救治的时间，增加照护的风险。因此，与子女的居住状况应进一步结合与子女的联系情况加以探讨。

　　而在四个养老院中，除纯公办的大塘镇敬老院入住的绝大多数是政府供养的低保老人，因各种原因能获得的家庭支持较弱，其他三家皆是自费入住的老人为多，因此超过 80% 的受访者子女仍健在，有两家养老院有健在子女的老人超过 90%。

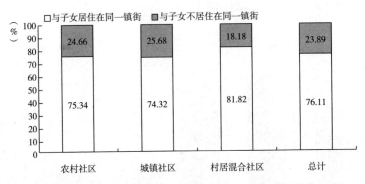

图 6-8　不与子女同住的居家养老失能老人与子女的居住距离

在仍有健在子女的受访者中，4 家养老院均有超过 5 成老人子女居住在养老院所在的镇街。其中，入住三水区福利中心的受访者中有 85.19% 的老人子女居住在西南街道，这与西南街道住宅条件较为优越及子女经济状况较好有着密切关系，同时由于三水区福利中心本身地处西南街道，因此子女探望老人比较方便，每月探望的频率明显比其他养老院高。公办的大塘镇敬老院和乐平镇敬老院，受访者中子女每月前来探望 0～1 次的约占 50%；而民办的西南青岐万福颐养居的受访者中，子女每月前来探望 2 次或以上的有 70%。探望频率出现差异的原因主要在于，第一，养老机构所在地理位置的差异。西南街道是区内养老服务需求最大的地区，但三水区福利中心难以满足现有需求，民办养老机构西南青岐万福颐养居应需而生。西南街道地理位置优越，住宅小区较多，交通便捷，为子女探望父母提供了便利条件。大塘镇敬老院和乐平镇敬老院交通较为不便，对于子女的探望频率产生了直接影响。第二，子女个人因素。本次大部分受访者的子女都居住在条件较好的西南街道，子女的居住距离以及个人的孝顺观念对探望频率的高低有着不可忽视的影响。

（三）人际关系

在家养老的多数受访者仍有良好的家庭支撑网络，73.52% 的人每月能与 3 个及以上家人或亲戚见面，62.31% 能与 3 个及以上家人或亲戚谈心事，72.90% 在有需要时可从 3 个及以上家人或亲戚处获得帮助；但谈及非血缘关系时，46.11%的受访者表示没有可联系的朋友。我们在调查过程中发现原因主要有二：一是随着受访者年纪增长，以往的朋友逐渐失去联系，有的已经过世；二是多数人生活重心放在家庭，已甚少与朋友来往。约5%的受访者表示即使有朋友，也没有可放心谈私事、能在需要时提供帮助的朋友；能每月与1个及以上朋友联系的老年人中有24.55%也表示在朋友中较少能谈心事或必要时提供帮助的人。

相比居住在社区中的老年人，养老院的受访者的人际支持网络要小得多，能联系的家人和朋友人数、可提供帮助的家人和朋友数都整体下降，其中，有52%的人1个月都不能和朋友见面或联系一次，57.14%的人没有朋友可以放心地聊私事，更是有59.18%的人表示在需要的时候没有朋友可以提供帮助。

（四）健康状况

从统计数据来看，无论是在家还是在机构的失能老人都是日常生活自理能力轻度受损的比例最高，居家的为63.86%，机构的为72.45%，重度受损的分别只有23.68%和10.2%。因为评级为重度受损的老人中部分存在意识不清或语言功能受损、无法对话的情况，故实际调查的重度受损老人比例低于全区普查数据中的比例。居家样本中，农村社区和村居混合社区比城镇社区有更多重度受损的老人。而92.52%的受访者报告患有慢性病，但患病种类比较分散，出现频率最高的三类疾病分别是骨关节病、高血压、白内障/青光眼。机构的失能老人排前三的疾病也是同样。两个样本中都有心脑血管疾病、恶性肿瘤、神经系统疾病、胃病、呼吸系统疾病等。

（五）养老现状

在本次抽样调查居家的样本中有11人（3.43%）正在接受政府购买的居家养老服务，28人（8.72%）雇有护工，这些受访者主要集中在西南街道（60.71%），其余受访者的养老主要依靠家庭，并未寻求社会养老服务资源。而对符合"三无"孤老、高龄等政策的老人，三水区为其购买了居家养老服务，目前全区共有945人接受以基础家政服务为主的居家养老服务，占全区60岁以上老年人的1.25%。

养老院的老人也对院舍环境、住宿条件等八个方面进行了评分，其中 1 分最低，5 分最高，各项得分具体如图 6-9 所示。其中，公办养老院如大塘镇敬老院资金相对其他收费养老院紧张，提供的硬件设施不佳，院舍建成早，设施较陈旧，院长亦反映，部分员工存在工作不积极的情况。相对来说评价较高的两家养老院收入的大多是自费入住的老人，有较充足的资金支持各项软硬件花销。其中三水区福利中心是区级养老机构，是行业标杆；西南青岐万福颐养居为私营养老院，依托青岐医院而建，在护理服务和医疗条件上具有优势。

从养老院各方面的服务来看，总体评分最低的是膳食条件和康乐活动。调查中我们发现，由于各人饮食偏好不一，且针对老年人需特定营养食谱，而养老院在膳食提供上欠缺多样性和地方饮食习惯差异的考虑，因而难以满足每位老人的口味要求。康乐活动得分普遍较低也反映了三水区养老院在此方面的不足，这都启发我们在养老院升级改造中应更多重视对老人的个体化关怀。

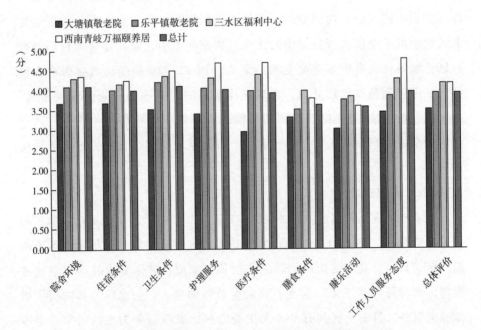

图 6-9 三水区养老院失能老人对养老院各方面的服务评分

（六）养老服务需求

1. 对养老形式的偏好

在只考虑身体健康状况而不考虑经济状况的情况下，69.47%的居家受访者会优先选择居家养老，6.54%选择社区养老，5.61%选择机构养老，剩余18.38%选择其他养老方式（家庭养老），说明三水区失能老人对家庭有比较大的依赖，因而对不需要离开家庭环境的居家养老方式有较大需求。其中农村社区的受访者选择居家养老的比例最高，达78.48%。他们对熟悉的环境依赖较强，且三水区农村较为分散，居住密度不高，受访者表示在家养老更好，不需要在村里新建养老设施。对于在机构养老的人来说，同样问题的答案是仍然选择机构养老，这是由于入住机构的失能老年人的身体原因，需要常规化、专业化的照料，已很难回到家中；但仍有14.29%的受访者表示愿意回到家中接受居家养老。

若考虑经济因素，85.05%的居家受访者表示不会选择机构、居家或社区养老里任一种需要自费的养老方式，9.03%选择居家养老，3.74%选择机构养老，2.18%选择社区养老，说明经济条件是受访者考虑养老方式时影响极强的因素。机构养老的受访者中90.82%表示会维持现状，仅2.04%（即2人）表示会选择更高档的机构养老服务，大塘镇敬老院由于是完全政府供养，受访者100%表示会维持机构养老，另外三家养老院共有7位受访者表示愿意接受居家养老服务。

从全区数据来看，主要面向自费人员的养老院基本住满，说明三水区老年人目前对机构养老有较大需求。

2. 对具体服务内容的偏好

在不考虑经济因素的情况下，多数居家的受访者能依照自己的状况在基础性服务、基础护理、治疗护理、医疗保健、精神慰藉、紧急援助、康乐活动七大类服务项目中做出选择，但仍有34.27%的受访者直接表示不需要任何服务，另外8.72%的受访者表示难以回应此类假设性问题，要到了真正有需要的时候才知道，还有13.40%的老人表示需要自费的话就不会购买服务（图6-10）。调查中出现了受访者从未听说过有某种服务项目的情况，对社会养老感到完全陌生，使其难以意识到自己会有什么需求。

　　在问卷上一题（即不考虑经济因素时会优先选择的养老方式）中选择了居家养老和机构养老的老年人表示，若不考虑经济状况，自己会需要做餐/送餐、家居清洁和个人清洁，这是需求最大的前三项；选择了社区养老的受访者需求最大的前三项服务为协助康复训练、按摩和协助使用器具；而机构养老的群体对康乐活动的需求比社区养老群体大。

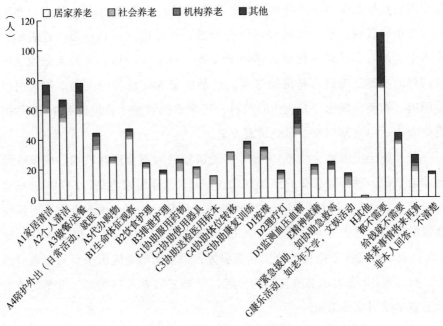

图6-10　不考虑经济因素时会优先选择的服务项目

3. 购买意愿

　　各类型社区的居家养老受访者普遍自费购买服务的意愿较低，平均只有11.84%的人愿意购买，而农村社区和村居混合社区更是只有10.19%和6.78%，相对来说城镇地区的受访者付费意愿略高于农村地区，有14.94%。

　　购买意愿与受访者本人的经济收入有关。农村社区受访者以前大都是农民，每月收入多集中在500~1000元和500元以下的区间，主要由社保、村分红和子女孝敬组成，只能基本维持日常花销。他们表示，子女生活压力很大，老人自己能想办法赚钱就尽量不增加子女负担，所以部分老人还要接散活赚钱补贴家用。而城镇地区受访者退休前多数有正式工作，有稳定的退休金，在每月收入 2000~2500 元、2500~3000 元及 3000~3500 元三个区间的人数比例都是 20% 左右，收入在 5000 元以上的有 24%，在没有大病急病等需要大额医疗花销的情况下，生活相对宽裕。但由于广东人不露富的观念，老人受访时倾向于不完全展示自身的经济状况，对部分收入（如土地分红、子女节日红包等）会有所隐瞒，故问卷结果反映的受访者经济水平可能低于实际情况。

另外，受访者不愿付费的原因还包括，自认为身体状况尚可、觉得尚未到必须由他人照护的程度，已有亲戚朋友能提供照料，不需额外付费购买社会性服务等。调查中发现，多数轻度失能的受访者认为可以自己慢慢做的就尽量避免麻烦别人；失能情况较严重、行动不便的受访者会担心雇用的保姆无法提供周到的服务，也希望尽量由家人、亲戚提供照料。

养老院受访者自费购买服务的意愿也总体较低，但高于居家的数据，表示会付费购买服务的受访者占 25.51%，但收费相对较高的西南青岐万福颐养居有 70% 的老人表示愿意自费购买服务。大塘镇敬老院由于院内基本为政府供养的老人，自身经济条件十分有限，故无受访者表示会自费购买服务。

4. **可承受的价格**

样本中明确表示愿意自费购买社会性养老服务的受访者并不多（机构养老 12 人，居家养老 27 人，社区养老 7 人）。在机构养老的 2 位愿意选择更高档次养老院的受访者，一位可接受 3500~4000 元/月的花销，另一位表示由子女打理财务，无法回答此问题；而在结合经济因素考虑时会选择居家养老服务的 7 位受访者中，能承受 300~400 元/月的购买服务开支的有 1 位，200~300 元/月的有 1 位，仅 100 元/月以下的 2 位，仅 1 位受访者表示能承受 1500~2000 元/月的价格（还有 2 位表示由子女打理财务无法回答）。

对比受访者在不考虑经济因素时表现出的选择意向，我们可以发现三水区老年人对需要自费购买社会性养老服务接受度不高；一方面是因为自身经济条件不允许，另一方面是因为周围环境中缺少居家或社区养老服务，受访者从未接触过，难以想象服务内容和质量，故难估计可以承受的价格。

5. 影响受访者选择养老方式的因素

调查发现，经济和身体状况是近 6 成居家养老受访者考虑养老方式时的两大决定因素。其中，农村社区有 72.15% 的受访者首先考虑自己的经济状况，远高于村居混合的 42.37% 和新型社区的 41.67%；各类型社区考虑身体因素的受访者比例相似，都约为 55%；而身体因素决定老年人是否必须前往机构接受密集护理或请专人全日护理。排第三的影响因素为环境因素，有 40.81% 的老人在选择养老方式时会考虑原有的人际关系与居住环境。思想观念，比如认为接受社会性养老服务是子女不孝等对样本的影响不大。而受访者选择时考虑得最少的是养老服务设施，其中一个重要的原因是在经济条件、离家距离等多种条件综合下，既有可承受的价格又在合适的地理位置的养老机构十分有限，故在服务设施方面根本没有选择的余地。

对于机构养老群体来说，58.16% 的受访者在最初入住养老院时是基于本人意愿的，并有 9.18% 能适应养老院生活并转换心态。具体到选择入住养老院的原因，受访者诉说最多的是"生活难以自理，需要他人照料"和"独居在家，怕发生意外时无人知晓"，说明目前失能老人选择机构养老主要还是为了满足基本生存需要。另外，三水区福利中心有 20.69% 的受访者表示会因为养老院环境好、活动丰富而选择入住。其他选择入住养老院的原因还有应子女要求、原住所是楼梯房不便出行等。

三 社区考察资料分析

我们基于初步的数据分析，结合老龄化情况、社区类型与老年人需求等信息选取了一个农村社区（独树岗社区）、一个村居混合社区（白坭富景社区）与一个城镇社区（桥头社区）作为社区考察地点，对老人进行了访谈，以补充普查与问卷的资料。

（一）农村社区（独树岗社区）

独树岗社区下辖 16 个自然村，38 个生产小队，共有户籍人口约 6900 人，其中外来人口 1000 多人，多是租借村中土地种韭菜或是在附近的万科地产工作，村中无工厂，村民以务农为主。由于有土地出租，该社区的农村户籍居民享有分红，但每个生产队数额不一，每年 500~5000 元不等。

2008 年时村中卖地每人分了 30 万元，但由于大多数老年人年轻时以务农为主，老了之后没有稳定收入，都是靠当年的积蓄过日子，也有相当部分人购买了一年 14400 元的新农保，每月返还 220~400 元。

每个家庭多有 2 名以上的成年子女，但近两年老人独居现象增多，与子女基本都分开居住，有相当一部分人搬离农村，住到了较中心的区域。这样的生活安排一方面带来了好处，即老人只用负责自己的花销，农村日常花费少，因此老人基本能够维持正常的生活，但不好的地方在于，老人常需要人照顾，除了少数人请保姆帮忙，多数为子女轮流照顾，不同住增加了照护成本与不便。如果子女需要父母帮忙带孩子，父母就会与子女同住，因此有些人就搬到了城里，但随着孙辈长大，老人就会选择返回村里居住。也有不少年轻时期在三水区其他镇街工作的居民选择回到独树岗养老。老年人普遍倾向于回到本村养老，主要原因是他们更熟悉和习惯村里的环境和原有的邻里关系，即使存在照料的需求，也更愿意想办法在村内解决。

现在村里有一家社工机构为老人提供居家养老服务，由政府出资，每周 2 次入户，覆盖人群为 90 岁以上老人和"三无"人员，目前独树岗社区共有 50 多位老人接受包括家居清洁、做饭、聊天陪护等的免费服务。我们留意到，该社区的老年人对于这家社工机构提供的照料服务评价较高，对护理人员较为信任，这是改变老年人观念的一个推动因素。

对于要收费的养老服务，机构工作人员告诉我们，由于老人比较稳定的经济收入只有每月不足 400 元的新农保，子女的经济支持与分红等多是不固定收入，因此大多数人不愿意每月在购买养老服务上开支。而且，村里老人以前以务农为主，观念上普遍更保守，都倾向于由女儿或儿媳等年轻女性后辈照料，花费请"外人"照顾自己通常是没有办法的办法，过去生育的多子女在此时似乎"派上了用场"，一般情况下尚可满足照料的人手需求，所以现在老年人普遍不存在需要另外购买社会化养老服务的需求。

社区工作人员介绍道，该村一向没有严格执行计划生育政策，家庭普遍生育二孩以上，直到 2000 年以后才由于抚养成本上升、观念改变等出现了较多独生子女，父母辈现在多为 40 余岁，可以预见短期内该社区并不存在迫切的社会化养老服务需求。

基于独树岗之于农村社区的代表性，结合农村的社会化养老服务需求与经济购买能力，我们认为在三水区的养老服务规划中，可以把农村社区作为养老服务体系发展的中后阶段目标，前期则应针对发展需求更为迫切的其他类型社区。另外农村地区的家庭、宗族观念较强，如要增加家庭以外养老的供给，还需考虑与原有传统和养老方式的结合与过渡，采用逐步进入、渐次推行的做法。

（二）村民混合社区（白坭富景社区）

社区下辖 34 个自然村，户籍人口超过 12600 人，已登记的外地人口超过 30000 人，是一个较大的村居混合型社区。其中 60 岁及以上户籍老人超过 2500 人，约占社区人口的 20%。

比起独树岗，白坭富景社区居民的收入相对要好些。村里也有分红，不同生产队的年分红从 1000 元到 8000 元不等，但大多数是每年 1000 元。大部分老人购买了新农保，每月返还 220 元。另有镇内老人津贴，70 岁以上每月可领 130 元，80 岁以上 200 元，90 岁以上 250 元，且可两项叠加，如一位 90 岁老人每月可获得的白坭老人津贴为 580 元。据了解，老人一般有 2 个以上的成年子女，平均每人每月给父母 300 元左右的生活费。以上各项收入叠加，老人每月有 1000 多元至数千元不等的收入。

该社区子女辈多已迁往西南街道居住，老人多数留在村里。社区内只有一家社区医院，医疗资源缺乏，小病小痛的话老人会在这里看医生，有稍大的问题就会去西南街道看病。通过访谈我们得知，该社区的老年人绝大部分希望留在本村养老，且失能程度越高这种意愿越强烈，这与该地区的一种传统丧葬习俗有关。风俗规定，在村外离世的村民一律不得在村中举办丧葬相关仪式，只能够在村外搭建棚架举办，这样一来逝者的"魂"就不能回到本村宗祠。这就是该村老人强烈希望自己老时在村，去世时也能在村，以便离世后能入宗祠的根本原因。这个风俗强烈影响老年人的养老地点选择，因此大多数人会留守村中，只有少数老人随子女搬到佛山的其他地区居住。

由于该社区为混合形态，老年人主要居住在农村的，普遍有亲戚或是同宗族的其他人相互照顾。家庭经济状况较好的少数老年人选择聘请住在附近的中年妇女全天候照顾，月薪通常为 4000~5000 元；由子女轮流照料，负责老人一日三餐与简单生活起居的是大部分人的选择与现状。不少老人的子女日间都有工作，因此要照料老人的午餐、协助上厕所等贴身照顾是不太现实的，这给子女增加了一定的压力与负担，而光靠子女在工作中抽时间回家照看也有可能影响或耽误老人的生活，降低照护质量。由于老年人的子女或亲属通常居住在附近，老人的晚间照料基本能得到保障，反而午餐和日间照料是一个空白，这也是该社区老年人的主要服务需求。因此，在养老服务规划中，与该社区形态相似的地区可以着重发展日间照料与午间配餐服务，其他类型的服务也可采取与独树岗社区类似的策略，先尊重农村的一些风土习俗，在此基础上慢慢推进。

（三）城镇社区（桥头社区）

桥头社区内有一些不同类型的居民小区，有老人比例较低的新式小区；有楼层高、无电梯的旧居民楼，老人比例高且多独居；有的老人的子女搬到了新式小区，或在西南街道工作、定居，与老人分开居住。桥头社区共有户籍人口 14285 人，其中企业退休人员超过 1300 人（不包括事业单位）。老年人普遍为企业退休职工，每月退休金 2000~4000 元不等，大部分为2500 元左右。子女普遍会根据自身经济状况给父母生活费，多的高达 1000元。总体来说，老人有稳定的退休收入和医疗保障，经济状况较好。

通过访谈我们了解到，该社区老年人虽与子女分居的情况较为普遍，但当老人有日常生活照料需求时依然主要由子女轮流担当，只有极少数人由子女聘请的保姆照料（保姆每月费用为 4000~5000 元不等）。目前 70 岁以上的老年人一般有 3 个或以上的子女，能够通过轮流照料解决一些需求问题，但 50 多岁到 60 多岁的人普遍只有 1 个孩子，独生子女结婚、生育的话就是"4+2+2"的家庭结构，年轻一代两边都有照顾负担，可以预见他们即将到来的照料需求是较为迫切的，这应当成为我们养老服务规划的重点。

由于该社区的老年人普遍居住在无电梯的老式居民楼，在较高楼层的老年人会因为腿脚不便而减少出门，因此，存在照料需求的人普遍希望能够获得上门服务，而非到社区中心接受照料；对于社区日间托管中心而言，老年人的接送也较为困难，过程中会存在较大的安全风险。

相对于其他类型的社区，城镇社区的各类活动更丰富，桥头社区还有一支志愿者队伍，日常协助社区开展面向居民的活动，如政策宣传、节日活动、健康讲座、义诊等。志愿者每月也会上门探访老人 2 次，每次探访5~6 个属于"九类人员"的老人，了解他们的日常需求。该志愿队伍也可成为社区发展养老服务的可动员力量，为老年人提供简单的日常照料，在我们的养老服务规划中也应该包含志愿者培育的方向与内容。

第三节　三水区政府购买养老服务的规划

基于这些数据与资料，我们总结了三水区老年人的养老现状，获取了在养老模式偏好、养老经济与支出意愿以及人口结构这三个方面的关键信息，分别总结如下。

第一，目前老年人养老以亲属网络提供的非正规照顾为主，主要是配偶/子女等提供的日常辅助性照顾。然而，结合三水区的人口数据，家庭结构的变化，如老龄化、少子化、空巢化，以及依然存在的城乡差距等合力作用将家庭的照护功能逐渐削弱，这种依靠亲友提供的非正规照顾很快会受到较大的影响，因此发展正规照料是必然选择。正因现阶段养老以家庭力量为主，正规照料存在很大的发展空间。目前三水区只为民政部门划定的小部分群体提供政府购买的居家养老服务，镇街之间机构养老服务水平差异较大，但整体而言也只能提供基础性的日常生活照料，专业性服务非常缺乏，服务类型与质量水平都有待进一步增加与提升。

第二，老年人整体倾向于选择接受在地化养老服务，经济收入是影响养老服务选择的关键因素。对于居住在家的老年人来说，当考虑经济因素时，有超过 8 成的受访者选择不要社会化养老服务，以农村社区的居民支付意愿最低；当不考虑经济因素，只考虑身体状况需要时，有接近 7 成的受访者表示会选择居家养老，同样以农村社区的比例最高，反映了农村社区的老年人具有较强烈的"在地安老"的意愿。我们可以看到，控制了经济因素后，农村社区受访者的数据变化最明显，说明老年人的经济支付能力是影响养老需求的重要因素之一，另外，这也与农村地区的老年人能获得更

多非正式照料资源有关。而对于居住在养老机构的受访者来说，继续选择
机构养老优先考虑。加入经济因素时，超过 9 成的受访者选择维持原状，即
可以理解为目前入住的养老机构与其可以承受的最高价格水平相近；撇除
经济因素时，有超过 14% 的受访者表示会选择居家养老，这也说明受访者
认为回归到社区和熟悉的家庭环境中是更优的选择。

第三，老年人的养老服务基本为自费支付，并与自身的经济收入水平
密切相关。目前，三水区的财政仅为少部分的民政对象购买居家养老服务，
也仅和镇街一级按比例共同补助公办的养老机构，公共财政对老年人养老
服务的支持力度较弱。而受访者整体收入水平较低，也影响了老年人支付
社会化养老服务的意愿，相对来说收入较高的城镇社区受访者支付意愿也
最高。因此，在三水区养老服务的发展筹资中，政府的作用至关重要，它
除了要大力发展各类型养老服务，还需以公共财政的方式补贴给有需要的
老年人，增强其养老服务的购买能力。

第四，三水区的人口结构显示养老服务提前规划的必要性。目前，三
水区家庭小型化、原子化趋向明显，传统家庭养老功能逐渐衰退。现时 45～
54 岁的群体在总人口中比例最大，预示着三水区养老服务需求的高峰将在
10 年左右到来，因此在未来几年构建完善的养老服务体系十分必要。老年
群体中又以失能老人为养老服务的主要需求者，而目前三水区各镇街失能
老人比例各有差异，反映了需要接受养老服务的基数差异。此外，失能老
人中重度失能的比例也是养老服务需求的重要参考数据，比例最高的镇街
养老服务照顾需求会相对更高，这些都是需要提前布局、合理调用资源的。

一　三元主体交叉叠加的养老服务体系

讨论地区养老服务体系的发展，首先应当与国家在养老服务领域的整
体政策方向相结合。为积极解决老龄人口养老问题，提升老龄人口特别是
老龄失能人口的生活质量，我国于 2016 年开始在 15 个城市和两个重点省份
进行长期护理保险试点，探索符合我国国情的、满足老年人照料需求的运
行机制、服务规范与政策体系。长期护理保险制度拓展了养老服务的筹资
途径，作为新增的财政来源能较大程度地支持养老服务的发展。经过两年

多的探索，我国不少地区已经形成了一定的经验，能够对长期护理保险的全国性开展提供参考。2019 年《政府工作报告》在现阶段成效的基础上提出扩大试点，基于我国整体性的养老服务照料需求，长期护理保险制度的全国性推行势在必行。

从三水区的需求分析中我们可以看到，受文化观念、情感需求与经济支付能力的影响，老年人普遍倾向于维持现有的养老状态。根据不同的身体情况及经济条件，在养老服务的购买意愿上大体可以分为维持传统家庭养老型与接受社区居家养老型。三水区整体经济与老年人的收入水平偏低，较难实现社会化养老服务的全自费购买，因此其养老服务发展必须依托于即将推行的长期护理保险制度，或是一定数额的保险基金补贴（或政府财政补贴）。三水区政府在规划养老服务参与主体时，必须要把推行长期护理保险制度作为其中的筹资来源加以讨论。

三水区目前推行的居家养老服务只面向划定的 A、B 两类合计 12 种情况的对象，A 类对象指"三无"孤老等人群，每月提供 400 元标准的居家养老服务，B 类对象为 90～99 岁的高龄老年人，每月提供 200 元标准的居家养老服务。然而，这个标准只能大致覆盖一周两次左右的一般生活照料，对失能、失智程度较高的老年人而言还远不能满足他们的照料需求，照料空白时段很长。此外，除了家庭与社会照料资源相对缺乏的民政对象群体，更广大的老年人群体也有各种照料服务需求。但目前依赖家庭成员养老，由子女（尤其是女儿与儿媳）等提供代际照料的家庭养老模式难以持续，专业的社会化的照料服务势在必行，这也涉及购买资金是否足够的基本问题。

归根结底，经济是影响老年人照护服务购买的关键性因素之一，光靠政府为民政对象的服务"埋单"成本高，效率低，普及性差，不可大范围推广，而社会化照护服务的推行必然需要个体以外的其他行动者的参与，因此，能否筹集到足够资金，资金能否有多种来源，对于区级政府来说是一个重要问题。长期护理保险制度在未来数年将作为全国性的政策落实，可以为三水区老年人的长期照护提供一些资金支持，而三水区规划的养老服务体系也要基于长期护理保险制度来构建，即为三水区符合条件的老年人提供对应的照护服务。

基于以上思路，我们规划了一个养老服务协调系统（图6-11），将政府、市场与家庭（个人）等行动者的不同角色、定位分别讨论，强调它们在三水区养老服务体系构建中可以发挥的差异性作用。三者是传统的政府购买中的三元主体，但在这个体系里，它们的作用跳出了各自的框框，不再是单纯的购买者、承接者与服务使用者，而是重叠和互相关联的，令三元主体的角色丰富起来。在这个案例中，这样的做法能解决单个主体力量薄弱的问题。

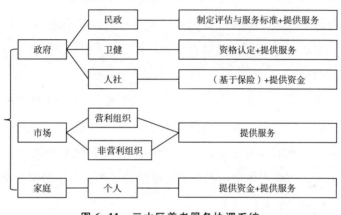

图6-11 三水区养老服务协调系统

（一）政府

参与养老服务体系的政府部门主要是民政、卫健与人社部，三个部门为平级关系，并没有哪一个来主导统筹三部门的工作。如图6-11所示，人力资源和社会保障部门负责长期护理保险的财政来源，即医保基金的运营与管理；卫生健康委员会负责长期护理保险服务项目目录的制定与一些医疗相关服务的提供；民政部门则负责长期护理保险的服务递送，同时作为传统的养老服务提供者继续自身在这方面的角色作用。

由于长期护理保险制度尚未在三水区出台，因此目前还难以判断三部门之间可能的利益关系。但是，基于我国试点阶段的已有探索，大部分城市都选择从医保基金中划拨一定资金作为长期护理保险的财政来源，顺此思路，若三水选择同样的做法，意味着掌握医保基金的卫健部门更容易在部门合作中拥有更大的话语权，加上其负责制定医保报销目录，可能倾向于在制定长期护理保险制度的相关政策时与医保有同质性的设置，导致长期护理保险制度更类似于医疗保险，偏离长期照护本来的设定目标。相比之下，更熟悉养老服务的民政部门则更可能倾向于按章办事，因此并不占有部门合作中的主动权，容易使得长期护理制度的整个推行环节"落地"不足，也容易导致长期护理保险制度目标偏离的情况，影响老年人享有的长期照护服务质量。这也意味着，在长期护理保险制度体系构建过程中，设置一个能协调与平衡三部门工作开展的单元尤为重要。

卫健与民政两个部门既是管理者，又肩负着服务提供者的任务，它们将与市场、家庭（个人）一起成为养老服务的三重提供方。

（二）市场

体系中参与养老服务的市场主体分为营利组织与非营利组织，它们的主要角色为服务提供者，根据自身的专长提供不同的养老服务，比如机构养老、社区养老或居家养老，或是承接政府的养老服务购买项目。若长期护理保险出台，市场主体应依据相关的报销目录提供相应的服务项目。

（三）家庭（个人）

家庭及家庭中的个人肩负着双重身份，其一方面是长久以来养老的主要参与者与服务提供者，另一方面又是服务的接受者。在规划的养老服务体系中，家庭（个人）提供的非正式、非专业的日常生活照料应与政府提供的福利性、普惠性养老服务和市场提供的特长性、专业性、社会化养老服务相辅相成，构建出一个在收入维持、生活照料、医疗保健、精神慰藉等各层面都能给予相当程度支持，全面覆盖老年人需求的服务网络。

政府与市场的服务中，部分是基于多数老年人的基本需求提供的免费或低价服务，在此之外因经济、身体状况、家庭情况、观念差异产生的不同的养老需求属于社会认定需求外的进阶需求，可以通过家庭或个人自费购买获取，也可能会有部分高端需求，因此，免费与自费、低价与中高价应结合起来满足不同需求，进一步提升老年人的生活质量。

二　"政府+个人"的灵活筹资模式

长期护理保险制度是三水区养老服务的发展目标之一，但在此之前，应当先建立一个适应本地情况、合乎地区经济实际的养老服务筹资模式，改变单靠政府埋单的现状，激发养老行业的潜力。我们的构想为"政府+个人"的方式，即以政府补贴为主，辅以基于个人自费额度的按比例补贴，激发个人自费自愿。个人与政府一起成为养老服务的购买者，可发挥购买者的监督作用，又是服务的直接受益人，双重身份令其更能参与政府购买养老服务的大进程中。在有支付能力、有选择权的情况下他们不再只是服务的被动接受者，自主性会被激发，而其选择会对政府、市场提供的服务起到促进作用。

养老服务的补贴需考虑城乡经济能力差异，在维持城乡社区居民接受养老服务总额标准一致的标准上，分别实行不同的筹资安排。经三水区政府各部门协调的计划结果为：城镇户籍老人采取政府补贴与个人自费1∶1的比例，农村户籍老人采取政府补贴与个人自费2∶1的比例，例如城镇户籍老人自费300元购买服务，政府将依比例补贴300元，而农村户籍老人自费200元购买服务，政府将补贴400元。也就是说，既维持城乡户籍老年人都能够获得600元额度的养老服务的标准，又依据城乡经济收入水平差距提供差异性的补贴方案，以此保障城乡老年人养老服务购买力。养老服务体系中的不同主体，尤其是与筹资密切相关的卫健与民政部门应在其中发挥重要作用，我们将其分工划定为表6-4所示。

表 6-4　三水区卫健与民政部门具体分工

卫健	民政
·制定适合三水本土老年人失能情况的评定标准，将失能老年人分为3~5个等级 ·对申请服务的老年人进行资格评定	—
根据失能情况评定标准，设置不同等级老年人可接受的服务项目	
—	制定针对城乡老年人的补贴标准

对于补贴的给付形式，应以服务或实物福利为主，逐渐在规划的5~10年后拓展到现金福利（例如为提供照顾的家庭成员发放补贴等），初期可补贴未受过训练、提供非正式照护的失能老人的亲友，后期则可拓展到直接现金福利，使老年人能选择是由亲友提供照护还是购买市场上的专职照护服务，形成养老服务的竞争性市场，丰富老年人的选择。

当长期护理保险制度在三水区推广以后，则应使用保险基金替代政府补贴，且应同样关注补贴的福利形式，可以从提供机构服务拓展到为家庭中非正规照料者发放现金补贴，丰富老年人的服务选择，也便于发挥非正规照料者的优势，满足老年人情感层面的需要。

三 养老服务体系的具体结构

聚焦来看，我们将三水区养老服务重点放置在社区居家养老方面，服务提供将依图6-12的结构与流程进行。

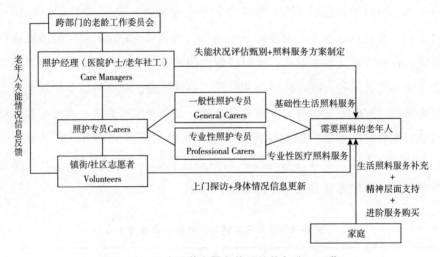

图6-12 三水区养老服务体系结构与分工一览

每位需要照护的老人都将由照护经理、照护专员、镇街/社区志愿者及其家庭进行照料，由一个老龄工作委员会负责协调信息，这样的安排是考虑到各专业与养老服务中多角色的相互配合，是本节第一部分里讲述的叠加关系的具体化。各主体的构成与对应职责分别如下。

（一）跨部门的老龄工作委员会

该委员会将由三水区民政局牵头构建，由分管的区领导担任组长，统筹民政、人社与卫健三条支线，协调支线的资源，共同构建养老服务体系。建立一个独立、跨部门的委员会是三部门间的平衡问题在实操中的具体落地办法，其中，主要需协调的是人社与卫健的关系，即在划定人社（制定适合三水本土老年人失能情况的评定标准；对申请服务的老年人进行资格评定）与民政（制定针对城乡老年人的补贴标准）职责的基础上，组织统筹两部门根据失能情况评定标准，设置不同失能等级老年人可接受的服务项目，保证提供的服务项目的适切性。在照料服务提供的过程中，委员会还将承担起部门之间的协调角色，防止因牵涉部门多而出现的互相推诿等问题。

（二）照护经理

基于全区失能老年人分布地图，按人口比例1∶100的标准配置，负责每季度老人的失能状况评估、甄别及个案辅导等，为每个老人制定个性化的服务方案，包括照料内容、医疗护理内容及服务频次等，最大限度地保障其生活质量。该职能有较强的专业性，因此将由从事老年人领域的专业社工或相关医务工作者兼职。

（三）照护专员

照护经理下设照护专员，并且依据老年人实际情况分为一般性照护专员与专业性照护专员。一般性照护专员负责提供身体清洁、做餐/送餐等基础性服务，满足老年人的基本生活照料需求，每天按照小时计算上门时间，每周一至周五提供服务；专业性照护专员主要为老人提供专业性医疗照护服务，比如借助特定的仪器与工具为老人进行保健与康复活动，帮助其解决一些基本的医疗需求，可上门服务或在社区康复中心提供。

（四）镇街/社区志愿者

除了以上一对一的人员，我们还设计了志愿者陪护与工作环节，提供不定期的上门探访，更新失能老年人信息，为照护经理提供信息反馈，协助挖掘老年人的失能照护需求等，针对的是老人的情感需求，也通过志愿者的爱老护老进行社区教育，鼓励更多社会力量关注老年人，参与养老服务。志愿者应尽量面向基层社区招募，比如社区中的青少年、家庭妇女与退休后的低龄老人等，也可面向区内大专院校招募大学生志愿者，定期上门慰问老人，了解老年人的近况，为照护经理更新老人照护方案提供信息。

（五）家庭

家庭依然是三水区老人养老的重要支持力量与情感依靠，因此我们将其纳入体系中，继续发挥作用。家庭可提供的支持大致为三个方面：第一，提供补充性的生活照料，主要是在周末的时候为老人提供基础性生活照料；第二，精神层面的关心，比如节假日陪伴、日常探访等，这一点是其他人员无法替代的；第三，进阶服务购买，即在老人与家庭认为需要照护经理提供的方案以外的照料服务时通过家庭或是个人自费支付购买，满足老人的不同需求。

第四节　案例总结

结合三水区已有的发展基础、可及的发展资源与老年人的养老服务需求，我们在养老整体规划中体现了三元主体角色与作用交叉叠加，使其责任、利益互相挂钩，从而突出服务使用者主体性，制衡政府作为购买者的权力，同时分散其责任，激发市场活力的思路。这种大的想法是通过层层递进的结构设计来推进的，比如要在服务体系设计中落实政府既作为购买者又作为服务提供者的角色，家庭与个人既是服务使用者（家属也是服务的间接受益者）又是购买者与服务提供者的身份，还需在具体结构与流程中设置相应的资金配置方法、部门分工、服务角色等。本章的叙述也是依照实践逻辑展开的，意在让读者充分理解我们是如何通过深入的实地调研发现当地养老需求与存在问题，并在三元主体"轮状互动""一荣俱荣、一损俱损"的思路下设计三水的养老服务体系的。

整个养老服务体系规划中最重要的做法在于以下互相关联的三点。

第一，让政府与个人的角色不再局限于单纯的购买者与服务使用者，而是将其"打散"、互相"穿插"，各自在原有角色上又变化出了新的角色。政府同时成为服务提供者，比如民政、卫健等部门，对应的是提供兜底性、福利性、普惠性的养老服务与专业性医护服务，与原有的服务提供者如社工机构、福利机构等形成了有益的补充或是竞争关系。个人也成为服务购买者，因此公众需要自己去衡量、选择与监督，不再是被动地接受，"给什么就只能要什么"，从而可以激发养老需求，关注自身，监督公共服务供给，成为更积极的社会组成部分，更可以活化养老市场，刺激更多符合公众需求的项目的产生。

第二，要做到第一点，就必须从购买资金方面入手，因为公众要消费，必须手里有钱，但老人总体收入不高，支付能力欠缺，购买意愿低下，尤其是还存在较大的城乡差别，因此经费配套是一个减轻政府负担同时能刺激消费的可行办法，这就是我们设计"政府+个人"资金筹措方式的思路。在具体操作中我们以不同配套比例来解决城乡差异问题，既维持了原有政策中的补贴额度，又体现了差别关怀。另外，为了保证资金能用于养老服务专项，我们在设计中使用了初阶段提供服务福利、后阶段提供现金福利的做法，先养成公众购买服务的习惯，培养自费获取公共服务的观念。

实行灵活的筹资模式确保了服务购买的资金来源。这种规划让三水区政府在长期护理保险的国家政策落实之前能有一定的空间发展养老事业。

第三，在服务的各环节设置不同的角色，调动多元主体参与，才能具体落实三元主体多头并重、齐头并进的想法。三水区政府从筹资、递送与规制各个环节中把握各主体的角色，构建了"跨部门委员会—照护经理—照护专员—志愿者+家庭"的多层级多方位养老服务体系。首先，养老事务委员会的制度和禅城区政府与服务机构合资合作成立新的机构承办平台的做法有异曲同工之处，目的都在于平衡其中的权力与责任。养老事务委员会平衡的是几个政府部门之间的关系，而且将养老单独从这些部门的业务中"剥离"出来，能加强专门性与专业性，即上一章末尾我们提出的通过独立委员会逐步实现某个领域专业化的想法，在三水区的案例中得到了一定程度的实现。其次，安排不同层级的专员，以一对一的形式为老人提供服务，能让服务层次更清晰，职责更明确，发挥不同专业的不同特长，满足老人各方面的需求。再次，将家庭、志愿者等群体纳入，有利于调动既有的家庭、宗族力量与社会力量，一定程度上维护了老人原有的养老观念。

三水有较大范围的城乡混合型社区及农村社区，人们的养老观念只能逐步改变，提供有针对性地在地化养老服务不是一句空话，不尊重文化传统，再好的制度设计也可能无法实现。因此不摒弃原有的在家养老、依托宗亲的习惯，而是在此基础上调动、活用其他方面的资源，相当于拓宽了老人的选择，使其更容易接受变革。

第七章 总结与建议

　　禅城区、南海区和三水区的养老服务方案规划是我们梳理广州经验，反思现阶段实践中三元主体关系存在的问题后在佛山作出的实证探索与尝试，意在探究三元主体中除了政府作为购买者外另两个主体，即服务承接者及服务使用者的主体性，探寻购买实践中增强其角色与作用、平衡三方关系的可行方法。

　　这是对之前实践中存在的问题的一些修正。在第三章中我们列出了三元主体在不同阶段、不同问题上互相纠缠而生发的系列问题，可以归结为制度化、专业化与资金三大方面，不同主体在这三方面的问题是互相关联的，而这每一方面的问题在三个主体上都会有不同的显现方式。表3-2是我们看到问题后将之模型化、立体化的结果，它是从已有实践中得到的宝贵经验，就像一份指引，告诉我们应沿着怎样的路径，可能会发生怎样的问题，反过来就可以帮助我们在问题未发生之时进行预防，或在问题的初始阶段及时改正。它令我们看到了三元主体"牵一发，动全身"的密切关系，因此提示我们在此后的实践中要关注到三者的连带关系，而不是用割裂的眼光去对待。

　　在这样的启发下，我们开始着力思考三者的互动与相互影响。通过理论梳理和经验研究我们发现，当前我国政府购买服务的相关政策与实践往往只关注到了购买方与承接方，对政府购买服务存在问题的研究往往也仅在单个维度上去考虑，无论是理论研究还是现实实践都恰恰反映了三元主体不对等的关系，如果不及时扭转，势必将陷入此前讨论的种种问题中，我们深深感到在实践中平衡三者关系的重要性，尤其是将相对处于"无声"状态的服务使用者的主动性挖掘出来，真正地以公众利益为购买服务的最终目标，才能使三者产生一环推进一环的良性互动。

第一节　案例总结

　　与广州临近的佛山，在广佛同城、区域一体化思想的引领下，也开始了很多政府购买公共服务的探索，两城文化同源，地域上相邻，有大同，存小异，而佛山相对广州而言在POSC上还是一块"白布"，有很多空间可以让我们进行新的尝试。佛山市政府在POSC上的政策导向偏向"小而灵活"，为我们创造了良好的创新实践的土壤。

　　在禅城、南海和三水三个区进行的规划布局中，我们承接之前的总结与思路，在充分了解各区情况的基础上为其作出了各有侧重的养老服务规划。三区各有不同的地方特色与文化，区政府的资源不同，区内人口结构和老龄化状况也有不同，但三份规划方案的核心思路是一致的，即第一，最大限度地实现服务使用者的需求，最大限度地凸显其声音；第二，鼓励多方参与服务提供，最大限度地运用市场机制激发良性竞争，以竞争促质量；第三，寻求三方的新型合作关系，达到既制衡各方权力，又激发各方动力的目的。在这种思路下，政府、社会组织与个人将会跳脱出单纯的购买者、服务提供者与使用者的角色，不是以往的政府当家话事、社会组织服务、个人接受的格局，各自的权利与义务发生了一些变化：个人更能体现出作为消费者与服务使用者的权益，即其对享有的服务有最终的选择权与评价权；政府与社会组织都可能承担起服务提供者的角色，都要接受使用者的评价；在公众利益最大化原则的带领下，政府需要拓宽思路，在资金、组织发展、自身角色方面积极探索更灵活的可行之策；社会组织将面临更充分的竞争。

　　总结起来，在三个案例里，我们在发挥三者主体性、提升政府购买的有效性上主要做了以下工作。

　　第一，以服务对象的需求为导向，实现自下而上的规划路径，提高政府购买服务的针对性与有效性。当前的政府购买服务大多遵循一种自上而下的规划路径，购买主体从政策、行业发展的宏观层面来对社会组织提出大要求，对于服务对象本身的需求往往关注不足，这容易导致两个互相关联的问题。一是政府对于要购买的服务缺乏专业性，只能提出方向性的大原则大目标，现有的购买流程中缺乏政府作为购买方与潜在的提供服务方间的充分沟通环节，社会组织对购买之服务的理解与政府大目标之间会存在误差与脱节，导致宏观层面上的目标不能完全落实到社会组织制定的中微观层面的服务计划与服务内容中，提供的服务不能完全符合政府的要求；二是社会组织需向上负责，其汇报对象往往是作为购买方的政府，所有的批准与评估环节服务都是通过政府首肯，并不能真正实现对最终的服务对象的交代性，服务供给变为一系列对指标的追求，而非满足服务对象的需求。

我们强调重视服务使用者的声音，突出他们作为最终使用者与评判者的地位与角色，因此，要有解决问题的反向思维，即从服务流向的最终环节入手来强化他们的作用。一切服务都应从终端的使用需求开始，有了需求才有设计的基础，有了规划再行购买，购买与供应双方的理解与目标一致，资源才能用得其所。这就是自下而上的路径。深入、翔实、实事求是的需求调查就是实现有效购买的根基与重中之重。要做到这点，需分清需要（need，客观需要）、想要（want，主观需要）以及建立在支付能力之上的需求（demand），三者中，对于购买服务具有重要参考和指导价值的主要是需求。我们在三个案例中都将需求调查放在了最重要的位置，是任何计划之前的必要工作，通过各种研究方法，如普查、问卷调查、社区考察、访谈、二手资料收集等，从定量与定性的数据资料中把握服务对象的需求状况。调查之前我们对养老的理解停留在宏观数据层面或经验层面，经过细致的评估与对资料的深入分析，这些了解进入学术层面上，能为政府购买养老服务提供重要的信息依据。

在禅城区的案例中，我们发现失能长者中女性居多，失能群体对卫生清洁类服务的需求较多；不同类型社区失能情况不同，越老旧的社区高度失能老龄人口越多，需求呈梯次增长态势；大多数老人希望维持在家养老的现状，对养老院有刚性需求的以丧偶高龄女性为主；部分家庭有购买低价及自费服务的能力。根据这些基本发现，我们再制定相应的措施来一一回应，如在养老服务系统中细化提供的服务选项，争取给老人更多的选择；

居家、社区与机构养老同时发展，为不同的人群提供不同的服务；福利性与营利性服务并行发展，逐渐培养老人的消费意识等。我们在过程中还注重了最核心的两个发展，一是不同社会力量共同在养老服务系统中参与服务提供，鼓励多方合作、竞争，二是将重视老人需求落到实处，不仅在购买过程中以需求评估的方式体现，更在养老服务系统中将养老信息化专门划出一块，成为系统的一个常规内容。

在南海区，我们发现居家（在家）养老、由亲属照顾仍是区内老人的首选；除了卫生清洁、做餐/送餐、外出陪护等常规服务，老人在精神与紧急援助等医疗健康方面的需求也很显著，社区养老中需求呈多元化，机构养老里医疗类与文娱类的活动也很受欢迎，在不考虑经济条件时老人的需求呈现日常化、多样化的特点。但老人在付费购买服务上观念很保守，尤其是对专业性照料和正式照料缺乏认识，除了能自雇保姆的群体，其他群体的支付意愿很低，因此一旦加入经济因素，维持养老现状的或只能接受居家养老的人还是多数；不同社区的老人能获取的养老资源也呈现较明显的城乡差异。基于这些发现与现有问题，我们规划了一个统一发布服务项目的养老平台，集合各机构信息，整合居家、社区与机构养老资源，以技术支撑使其既可以便捷地实现网上预订服务功能，也能收集与上传老人的基础数据，为养老及医疗机构和政府有关部门提供实时信息。这个平台非常重视使用者反馈，实际上服务评价是平台的一个核心功能，服务费用在每月的回访、监察后统一结算，不仅能以评价带动竞争，提升质量，还能鼓励老人参与购买进程，久而久之形成良好的购买与使用习惯，逐渐改变养老服务的消费观念。

而三水区则存在较强的地方文化与习俗，塑造着人们的养老观念和行为。由于经济发展较慢，农村社区居多，传统思想浓厚，老人倾向于在家由亲属进行照料，支付意愿与能力都较低。三水区在未来十年将面临一个新的养老需求高峰，届时将要同时面对高龄失能老人与进入老龄阶段的"新老"不同的服务需求，需要提前进行规划，而政府的经济能力有限，不能大范围地提供福利性养老服务。因此我们设计了由政府各部门、市场的不同组织与家庭（个人）共同承担的养老模式，由政府带动个人共同出资购买，以配套的方式激励与培养个人的消费观念与习惯，并以不同补贴比例解决城乡差异问题。

将需求调查做在方案设计前头，把使用者所需摆在首位，以需求带动规划，以评价带动质量，令政府与社会组织都更清楚面临的问题与各自的权责，在实际实施之前就有共同的目标与行动基础，能减少前述问题的发生，服务也更有针对性。

第二，发挥政府的引导和支持作用，积极培育社会组织。良好竞争的前提是要有足够有资质的社会组织，因此政府必须大力发展与扶持社会组织，让渡足够的空间，允许灵活多样的政策与做法，才能使社会组织活跃起来。购买服务本身就是政府转变职能、改变服务理念的结果，佛山市在购买公共服务上采取的路径与广州不同，虽然不同的区做法有一点差异①，但总体上它走的是专项购买的道路，在不同的领域以"小而精"的方式推进，各区也根据本区特点进行 POSC 的探索。这种路径比较适合于佛山作为历史上一个"地级市"较为分散的区域特点，避免了一种大一统政策"一刀切"的局面，能充分体现政策的灵活、多元和有针对性。

社会组织在这样的背景下循着领域专业型的路径发展，比如禅城区在 2012 年以安老养老为服务切入点，成立了养老服务类社会组织孵化基地，旨在打造包括政府购买服务、公益招投标、社工督导、社区实践、企业合作、学术研究等资源共享的平台。南海区也积极推动社会组织转型与成长，提高社会组织提供服务的能力。在一个领域内培养专业的社会组织，有利于往精、专发展，加深对该领域的了解，有利于将服务做好做透。

我们在规划中也着力于社会组织的专业发展，在各区的中心、平台与体系设计中都考虑到了机构在不同服务类型上的能力积累，以及在无偿与有偿服务上的发展，机构将在实际的服务提供过程与市场竞争中学习到更多技能与理念，逐渐接受优胜劣汰、服务使用者选择的格局，学会"向下"负责，而不只是"向上"汇报。

---

① 比如，禅城区以购买家综服务为主，但它的经费只占全市 1 成左右，南海、顺德等区以专项服务为主，南海区经费使用占全市 5 成以上，顺德区占 3 成以上。

第三，依托养老中心/平台/系统，积极引导社会力量合作参与公共服务的供给。社会组织要发展，政府要实现高效购买，都需要充分和健康的市场竞争环境。通过政府引导与资助引入各类个人、组织、机构等参与、协助服务提供，能调动社会资源与力量，一方面减轻政府负担，另一方面激发社会组织的动力，还能激发社区居民自身的参与热情。这在养老这个充满了中国传统思想、看起来难以一时转变的领域里尤为重要——既然难，就不能一步登天，转变也不可能一步到位，只能逐步、渐进，既要保留原有的养老习惯，又要发挥社会养老的积极性，势必要在一段长时间里允许各种养老资源与力量共存，使养老市场保持活力，解决政府资源、经费、人力、专业性等各方面的不足。因此我们根据各区的人口特点与养老习惯，将政府购买服务与政府补贴服务结合起来，基于社会组织的专业性，家庭与个人的自主性，探索出"委托—合作—参与"的发展模式，搭建出免费服务与志愿服务、低偿服务与自费服务相结合，政府、市场、社会组织与个人合力的全方位服务平台。

第四，重视城乡差异与地域特点，促进公共服务地方化。城乡差异带来了人口、社会、资源、经济各方面的差异，对公共服务的供给直接或间接产生着影响。三区的规划集合了新型社区、旧城镇社区、"村改居"社区以及农村社区等多种社区形态，不同的社区类型不仅反映了服务对象不同的需求与购买力，还反映了他们对服务的认知和接受程度的不同，这都直接影响着政府与市场的注意力和资源配置。以养老服务为例，居住在农村社区和"村改居"社区的老年人，往往由于较紧密的社会支持网络与根深蒂固的传统观念而对机构养老较为排斥；居住在新型社区和旧城镇社区的老年人观念则较为开放，会结合自身情况选择多样化的养老服务。居住环境中的资源布局，如医疗资源、康体设施、保健机构的可及性等也在老人的养老偏好与选择中发挥着重要作用。在成熟的城镇社区中居住的老年人入住养老院主要是因为机构中有便利的医疗服务，若周边医疗资源充足，社区养老对机构养老和居家养老会产生替代性，老年人可能会更倾向于选择社区养老服务，而这些都会直接影响政府的服务布局。比如，考虑到目前养老服务体系尚不成熟，特别是社区和居家养老服务的专业性较低，需结合社区类型推行不同的社区宣传与教育，在发展养老院前提高老年人对其的认知程度，减少排斥心理；需要结合服务对象的需求特点，根据地区发展水平和城乡差异进行资源倾斜；在不同类型的社区以不同速度推进服务等。

三个区的养老服务尚在探索之中，我们期待在不久的将来可以总结成效与经验，更好地反思三元主体关系，为我国的 POSC 发展提供更多参照。

第二节　政策建议

一　从购买方角度

（一）完善政府购买服务的制度与法律，构建完备的制度体系

完善政府向社会组织购买服务制度，首先要规范买卖的具体供应商和购买者，同时，买卖的内容和方式也需要进行规划，这些都是政府购买服务的核心要素，做好有关法规、政策、规章、标准和规划的制定和修订工作（刘昆，2014）。

首先，法律法规必须对购买者与承接者作出明确且统一的定义。目前我国在国家层面出台的关于政府购买服务的政策都包含了对购买主体跟承接主体的明确划分，但是缺乏具体的认定方法，往往只是粗略提及，仍存在各政策法规各说各话的弊端，除了 2018 年新出台的《财政部、中央编办关于做好事业单位政府购买服务改革工作的意见》中对事业单位在政府购买服务中的角色作出了进一步阐释之外，其他政策都缺乏对购买主体更细化的界定。因此，我国应在制度上统一并细化购买主体与承接主体，进一步明确各方定位及权利义务边界，促进购买服务有序开展。

其次，我国应当通过制定统一的准则，规划购买公共服务的各个环节，健全服务购买的招投标机制，保证招投标环节的公平公正，对供应商准入资格、监管以及信息透明化等方面进行切实可行的规定，对购买程序及处理争议的渠道加以规范与明确，进一步增强组织实行购买活动的效率（财政部科研所课题组，2014）。

我国必须提高政府向社会组织购买服务的立法层次，在合理完备中央层面顶层制度设计的基础上，明确政府向社会组织购买服务的基本准则，增强制度的实际掌控能力。但在这些总的原则之下，还必须预留一定的空间，容纳各地的本土化政策措施，我国地大物博，有着多民族、多文化，各地经济资源与社会发展进度不一，条件不同，因此应考虑区域发展的实际情况，制定符合地区发展特色的政策。

总的来说，我国政府购买公共服务的法律法规应层次分明，布局完整，不留政策死角，使 POSC 中的任何一步都有相应的法律法规加以界定、规管与约束，整个购买过程无论在什么情况下都有既定法规可参照，减少模糊与灰色地带，降低人为干预的可能性，才能以立法推动行业进步。这也是世界各国各地的普遍经验。

（二）加强需求调查，优化资源分配

在购买服务时，应树立以服务对象需求为导向的观念，改变政府包揽决策的思维，建立健全公共服务需求调查和筛选制度，并将其作为购买服务的必要过程。具体而言，在购买活动开展之前需要进行科学的需求调查，获得所需的市场信息、服务内容与服务对象的特征。对于已有的公共服务，应当分析其绩效评估具体结果，将重心放在群众不满意的部分或急需的服务内容上，及时进行购买目录的调整。除此之外，也可以组建筛选委员会以及评估人员库，除专家、学者外还应包括服务使用者、社会组织及专业人士等，多渠道获取已有调查资料，并确保筛选过程的科学性（刘晓洲，2018）。政府应在此阶段与社会组织形成良好的沟通互动，确保双方对所要购买的服务的理解一致，对需要提供的服务进行磋商直至达成共识，这个步骤应成为购买服务的常规步骤，置于招投标的初阶段，而不是像现在那样放在评估阶段，才能有效提升政府购买的效率。

而以支付能力为前提所形成的实质需求才是购买服务最为关键的参考信息，在需求调查时应将需求、想要以及需要三者之间的不同点划分出来，合理估计不同种类社会服务的实质所需量，依照具体情况进行方案策划，再加以购买。与此同时，还应该考虑到相关地区经济发展能力、区域差异等，对资源进行合理分配。总之，必须要有专业、完善、真实、深入的需

求调查，以服务使用者，即以公众的普遍利益作为购买的最终考量点，才是负责任的政府购买行为。

（三）完善预算管理，促进资金分配与管理规范化

政府作为购买方，应确保投入的资金能够满足购买服务的需要，合理分配，用得其所。根据现在的情况，我们认为加强预算管理是资金管理的一大重点，具体来说有以下改进方式。

第一，科学编制政府购买公共服务预算。首先应当对购买需求进行种类及品目划分和汇编，制定政府购买公共服务计划，进而由相关政府部门对购买预算内容进行汇编，再针对不同的区域特征细化购买资金的实际用途，为审核政府的购买计划提供参考依据。这一步应当有社会福利、社会工作及财务管理方面的专门人员共同参与，围绕服务的必要性、种类、内容及价格进行审查，这是严格支出管理的重要手段，也是政府购买公共服务能够达成的关键所在。

第二，创建科学有效的评估机制。细化财政资金支出准则和范畴，积极引进绩效审核制度，细致划分各类服务所需的财政投入比以及具体水准，确保资金投入公平公正，达成产出效用最优化。

第三，完备政府采购公共服务预算资金制度，创建相应的项目库，确保项目库管理与预算编制二者之间能够顺利连接；此外，结合社会保障以及文化教育等相关社会政策，升级财政资金支出体系，增加政府在基础公共服务上的拨款额，将彩票公益金等非税收入中用于公共服务的支出，纳入政府购买基本公共服务支出预算（财政部科研所课题组，2014）。

通过增强预算管理，政府可以依据不同地区的实际情况进行资金以及拨款途径的划分，完备资金流通途径，确保购买服务资金到位。同时，向社工机构、社会组织等收集其在不间断的实践环节内总结的资金运用经验，秉着公正透明的办事理念，定期向社会公众公布资金使用情况。

（四）加强监管，确保政府购买服务的有效性

要在政府购买服务的过程中确保公共资源的有效利用，政府还须建立专业、多层次的监督评估机制，对服务项目的申请、评审、立项、招标、订约、实施、调整、结项、评估、反馈等环节实施动态监督与管理。具体可以有以下做法。

第一，构建独立、专业的外部监督机制。在第一阶段要做的是建立健全科学的项目评估标准与评估方法，发展独立的第三方监督及评估机构，由其对承接主体进行工作评价。但依据广佛的经验，我们也看到了这种评估方式的局限性，即过于依赖结果，依赖专家权威，有时貌似客观的第三方评估也成为走人情关系的场所，评估人员的态度、为人、个人喜好甚至心情等随机因素也能影响项目的生存，评估可能沦为一场"表演"。

要解决这个问题，就需要重新思考一个项目有怎样的产出和成效才叫"达到购买目的"，在发展的进阶阶段重新考量评估方式，更注重过程，注重民众感受，尊重项目的周期性与持续性，而不是被绩效捆绑，被分数挟持。评估本身也应有持续性与实践性，不能以一纸文书和一天半天的打分活动来考核可见或不可见的成效。这就是第二——健全绩效评估机制，建立绩效评估多元化参与制度，对服务机构的服务质量、顾客满意度作出全面、客观、准确的评价。政府应投入更多知识的资源去创建新的监督机制，比如考虑将服务对象、专业机构代表或专业人员、政府工作人员搭配组成评审团，体现不同主体的权利，充分展现人民群众监督管理的作用；或尝试非管理主义导向的评估方式，比如广东现在的"双百计划"。此外，政府还应注意加强对绩效评价结果的运用，建立合理的激励制度，将绩效评估成果与社会组织的发展结合起来，以评促长，而不是以评定拨款定生死，评估的最终目的是共同提升公众满意度，确保政府向社会组织购买服务的良性发展。

第三，创建政府部门内部监督及问责机制。有关政府部门应当树立责任意识，建立服务项目动态监管制度，保证问题的及时处理和责任的追究；与此同时，还应建立相应的行政问责机制，当政府购买服务没有达到预先设定的标准时，严格追究政府相关部门的连带责任。

二 从服务承接方角度

（一）支持社会组织培育发展，确保服务供给

社会组织是政府购买服务的承接者，其发展状况的好坏是 POSC 实施顺

利与否与成效优劣的关键。针对目前中国社会组织发育尚不成熟的现状，政府应当大力培育和支持社会组织发展，为其承接公共服务创造良好的环境。

第一，正确处理政府和社会的关系，推进政社分开，明确政府作为监督者与管理者的角色定位。政府不应过多干预市场，打乱购买服务承接者的公平竞争，也不应越俎代庖，过多干预社会组织的服务供应。政府应加强良好社会环境和制度环境的创建力度，通过公开透明的竞争形式选取承接者，净化整体市场环境；并根据绩效评估、民众评价、行业口碑等综合选择表现优秀的社会组织来承接服务，促进优胜劣汰，推动购买服务的健康发展。

第二，加大对社会组织培育扶持的力度，提供更多让其自由成长、壮大的空间，以增强承接主体公共服务的实际生产能力。这点的前提是政府与社会组织的互信。在此基础上，政府可以通过相关政策措施支持社会组织发展，如通过各项财政政策、税收优惠、项目补助等加大对其资金扶持力度；各个地区也可以创建专项发展基金，通过项目补助或者以奖代补的方式提高社会组织的参与热情。与此同时，政府可以通过区分社会组织的功能类别与发展程度，结合政府购买服务需求加强分类指导和重点支持，或支持行业协会、枢纽组织的成长，督促机构提升专业性能，增强公共服务的实际水准。

（二）加强社会组织自身能力建设，提高服务专业性

社会组织专业化水平不足也是我国政府购买服务中的一大弊病，因此提升专业性、健全机构制度是首要任务。

第一，提高社会工作者的专业工作水平。应当通过加大对社会工作者的培训力度，或引进社区工作的管理人才和专业人才，为承接主体提高专业化水平提供指导规范和人力资源保障。要设立合理的梯度发展空间，培育良好的组织文化，建立完善的工作学习制度，为人才的在职发展提供条件。

第二，社会组织应当加强服务项目的专业化和在地化。将需求评估作为项目开展的必备步骤，明确服务受众的具体需求，一方面结合购买方的

大原则与大目标进行有针对性的服务设计，使服务有完整的架构与铺排，另一方面要能使具体服务落地，使之能与"顶层设计"嵌合，并体现个性化、多样化与在地化。

第三，要有健全、合理的激励制度，提升员工福利待遇，完善相关的晋升体制，保证员工的持续服务动力与成长热情。激励包括物质、奖金等有形物和个人成长、职业晋升、专业发展、继续教育等形式，而后者是社工人才发展与存续的关键。

社会组织也应强化自身服务意识，在日益成熟的公共服务市场中适应竞争机制，增强自我约束以及管理的能力，以专业优势赢得声誉与机会。这才是社会组织的安身立命之本。此外，社会组织还应发挥积极的推动作用，以自己的专业性促进政府有关行业建设规范的建立，在POSC的总体建设中起到与政府互相督促、互为发展的作用，两者的最终目标是为公众服务，社会组织应有"向下"负责的自觉性。

（三）建立风险防范机制，健全组织财务制度

财务在一个组织中扮演着至关重要的角色，只有保证财务安全，做好严格的资金管理，才能从内部保证组织的健康发展。社会组织应有财务自觉，严格按购买的比例标准配备资金，保证人员开支与服务经费，这两项是服务能持续提供的根基。

除了政府的财政拨款，社会组织还应积极在法律框架内"开源"，建立多样化的筹资渠道，以保证服务费用的供给，以及有足够的能力应付可能发生的风险，如政府财政周转不及时带来的服务费用与人员开支中断，评估引发的拨款风险，或某些项目的应急开支等。没有足够的风险意识，社会组织很容易陷入被动，带来不可估量的精神、经济压力以至损失。而在这一点上，社会组织应活化员工在其中的角色，建立共同分享、共同担当的机制，另外，也应从制度化、专业化的角度与政府共同探讨有关风险防范机制的建立，共促发展。

三 从使用者角度

我们认为使用者的权利、责任及义务是三者中最应强调与充分发挥的，

尤其是在现实实践中其主体性发挥较弱的情况下，更应从政策制定、制度设计与实践落实等各方面给予激励和保障，以完善政府购买整体机制，更为了形成良好的公民责任与义务的意识，为其在其他领域的自主性发挥奠定基础。政府的政策措施与公众自身都应着重在以下方面进行培育、发展。

（一）打通公众需求表达的途径

一方面，政府应当打造畅通的需求表达渠道，确保公众能够及时、便捷地对服务项目设计及开展提出意见与使用反馈。当前的反馈机制尚不明确，评估中相应环节的设置也更多停留在形式与表面，鉴于民众在服务中的普遍"被动性"，他们把自身定位在单纯的服务接受者上，政府给予什么就接受什么，自身并没有任何付出，认为既是无偿享受，就不应该再有意见，因此在表达上倾向于满意的正面意见，对于没有达到自身期待的一般都持有将就、无所谓的消极态度。在机构服务评估中难以听到服务使用者的真实声音，服务提供中的一些问题很容易被掩盖起来。

购买者与潜在的服务提供者应在购买前就充分重视服务使用者的意见，通过深入的需求评估来挖掘其内心想法，不仅仅是能表达出来的需求，而应使公众的各类需求都能被关照到。服务提供过程中也要有相应的设计，比如从源头上改变公众被动接收者的角色，使其逐渐发展成服务的个人购买者，身份的改变会促进其监督与表达的主动性。一个独立于购买者与服务提供者之外的机构或组织，比如行业协会、事务委员会、纠纷与争议解决办公室类型的设置，亦可成为公众表达与反馈的场所。服务结束后使用者可以用评价、打分等形式对服务进行反馈，其后续购买选择亦是对服务相关程度、服务满意度的一种直接表达。

另一方面，公民自身应当积极参与需求表达，进行自下而上的需求反馈，使政府与社会组织能够把握服务项目是否及时，服务内容与真实需求是否吻合，确保购买服务真正命中公民的需求。但这是一项更长期的工作，开始时需要政府和社会组织发挥更多的引领作用，运用一些激励机制更好地激发、鼓励公众表达，以形成良好的观念与习惯。

（二）充分发挥公众监督作用

我们认为，在政府购买服务中，公众应兼具服务使用者及监督者的双重身份。使用者的身份能使其亲身沉浸在服务中，感受到服务的质量优劣，服务提供者的态度与水平，自己的满意程度，需求还有什么不能达成的地方等，以使用者的直接、积极身份协助政府发现公共服务供给的新问题；而作为监督者，他们能靠自己的实际选择，即一定程度上的市场行为，来督促服务质量的提升，监督服务提供的准确性与回应度，对政府的政策、措施予以回应。另外，对于损害自身利益的情况，比如服务弄虚作假、质量低下等，使用者应主动维权，并及时通过适当的途径向服务购买者与提供者反映，以推进服务水平的提升，同时打击服务中的不端行为，帮助遏制社会服务发展中的一些歪风邪气。

（三）提升公众参与程度，改变公众的社会责任意识

从根本上来说，公众的社会责任意识与社会参与意识是政府购买公共服务、公共服务发展乃至社会发展最重要的基石之一。只有当公众意识到这些事不仅是政府和社会组织的事，更是关乎自身生活质量的事，才能有积极性去参与。因此我们可以从购买源头开始，将纯粹的消费者转化成购买+消费者，在服务提供时纳入与之相关的其他个人如家庭成员、亲友等，成为协同提供者，也可通过招募志愿者、发展自组织等形式扩大民众的参与并给予支持。

尽管公众参与不一定会带来即时效果，但是，社会参与能使其更加了解自身所处的社会环境，包括资源与限制，了解自身能力与义务，随着参与程度逐渐加深，公众与社会组织以及政府之间的交流和协作多了，会逐渐带来思想的转变，加深对政府与社会组织的理解与信任，同时也能在一定程度上避免购买公共服务职权的滥用（王浦劬、萨拉蒙，2010）。

以上三者中，政府部门应作为购买服务的主要责任方，负责 POSC 的整体规划布局、立法规范、机制健全、监督管理，还应负担起一部分的福利性服务提供职责，同时接受社会组织的专业性建议与公众的意见反馈；社会组织作为主要的服务提供者，应负担起相应服务的规划、设计、具体实施、自我检查等职责，还应接受市场的竞争，在政府与公众的监督下与其他机构共同提升服务质量；民众作为主要的服务使用者，要行使自己评价、监督、参与的责任与义务，积极在各环节中反馈自己的意见，协助政府和

社会组织不断提高管理与服务水平。三者的权利与义务是环环相扣的，具有同等重要的地位与作用。我们认为，在今后的政府购买公共服务实践中，应将重心放在社会组织发展与公众意识、能力培养上，使三元主体关系更加平衡、和谐、互促，形成真正的"三足鼎立"态势。

参考文献

〔美〕E.S. 萨瓦斯：《民营化与公私部门的伙伴关系》，周至忍等译，中国人民大学出版社，2002。

〔美〕保罗·舒尔茨：《人口结构和储蓄：亚洲的经验证据及其对中国的意义》，《经济学》2005 年第 3 期。

财政部科研所课题组：《政府购买公共服务的理论与边界分析》，《财政研究》2014 年第 3 期。

曹海军：《"三社联动"视野下的社区公共服务供给侧改革——基于 S 市项目制和岗位制的案例比较分析》，《理论探索》2017 年第 5 期。

陈建国：《政府购买公共服务过程管理研究——以北京市为例》，《理论探索》2012 年第 4 期。

陈奇星：《完善基层政府公共服务外包的思考：基于上海市的研究》，《中国行政管理》2012 年第 11 期。

陈琴：《政府购买社工服务的实践分析与困境研究：以 A 区"社区服务中心"为个案》，硕士学位论文，华中师范大学，2014。

陈卫：《中国未来人口发展趋势：2005～2050 年》，《人口研究》2006 年第 4 期。

〔美〕戴维·奥斯本、〔美〕特德·盖布勒：《改革政府：企业家精神如何改革着公共部门》，周敦仁等译，上海译文出版社，2006。

邓金霞：《政府购买公共服务的"委托管理"模式——基于上海两个典范社区文化活动中心的经验》，《中国政府采购》2015 年第 9 期。

丁瑜、肖礽：《从政府购买社工服务进程中的问题再思三元主体关系——以广州市为例》，《社会工作与管理》2017 年第 17 期。

丁瑜、肖礽：《政府购买社工服务中专项服务与综合服务的差异比较》，

《广东行政学院学报》2017 年第 29 期。

丁瑜、杨凯文：《妇联购买"反家暴"社工服务案例——一项性别与新制度主义相融合的研究》，《中国研究》2019 年第 25 期。

范成杰：《农村家庭养老中的性别差异变化及其意义——对鄂中 H 村一养老个案的分析》，《华中科技大学学报》（社会科学版）2009 年第 23 期。

范恒山：《关于中国事业单位改革几个重要问题的思考》，《中国经贸导刊》2004 年第 12 期。

范明林：《非政府组织与政府的互动关系——基于法团主义和市民社会视角的比较个案研究》，《社会学研究》2010 年第 25 期。

范燕宁：《政府购买公共服务"双主体"政策背景下社会工作专业机构面临的机遇与挑战》，《社会工作》2013 年第 5 期。

方虹：《政府采购制度在美国》，《财政监察》2002 年第 5 期。

方英：《从英国经验看社会工作发展与 NGO 及政府的关系》，《社会建设》2015 年第 2 期。

费梅苹：《政府购买社会工作服务中的基层政社关系研究》，《社会科学》2014 年第 6 期。

冯占春、侯泽蓉、郑舒文、代会侠、时先锋：《我国城乡卫生投入公平性的影响因素及其对策》，《中华医院管理杂志》2006 年第 10 期。

顾江霞：《政府购买服务契约的权力运作逻辑——基于珠三角 B 市购买社会服务的研究》，《广东工业大学学报》（社会科学版）2013 年第 13 期。

郭继：《农村发达地区中青年女性的养老意愿与养老方式——以浙江省为例》，《人口与经济》2002 年第 6 期。

何华兵、万玲：《政府购买社工服务的问题与长效机制构建——基于广州市的调查和访谈》，《岭南学刊》2014 年第 3 期。

洪鉴铨：《把控财务风险做个"三好"学生》，《中国社会工作》2015 年第 6 期。

黄光星：《政府购买服务机制还有待改善》，《中国社会工作》2013 年第 22 期。

黄岚：《上海市中心城区养老服务社会化的现状、问题与对策思考》，硕士学位论文，上海交通大学，2007。

黄元宰、梅华：《无锡实施"政府购买公共服务"的改革实践与启示》，《改革与开放》2008 年第 2 期。

吉鹏：《社会养老服务供给主体间关系解析——基于委托代理理论的视角》，《社会科学战线》2013 年第 6 期。

贾博：《政府购买公共服务中的主体间关系的理论分析》，《学习论坛》2014 年第 7 期。

贾西津：《中国公民参与》，社会科学文献出版社，2008。

江华、张建民、周莹：《利益契合：转型期中国国家与社会关系的一个分析框架——以行业组织政策参与为案例》，《社会学研究》2011 年第 26 期。

姜熙：《从"强制性竞标"到"最佳价值"——英国政府公共体育服务政策发展、改革与启示》，《天津体育学院学报》2014 年第 29 期。

解垩：《城乡卫生医疗服务均等化研究》，经济科学出版社，2009。

句华、杨腾原：《养老服务领域公私伙伴关系研究综述——兼及事业单位改革与政府购买公共服务的衔接机制》，《甘肃行政学院学报》2015 年第 3 期。

〔美〕凯特尔：《权力共享：公共治理与私人市场》，孙迎春译，北京大学出版社，2009。

柯力、胡荣：《对影响老年人学习效果的因素分析——基于老年社会活动理论视角》，《福建行政学院学报》2009 年第 2 期。

雷杰、罗观翠、段鹏飞、蔡天：《广州市政府购买家庭综合服务分析研究》，社会科学文献出版社，2015。

黎熙元、徐盈艳：《政府购买服务规制下的社会工作机构发展：广东四个城市试点项目的比较研究》，《当代港澳研究》2012 第 4 期。

黎熙元：《香港社会服务供给多元化路径：政府与社会组织的伙伴关系》，《广东社会科学》2014 年第 4 期。

李洪波：《政府主导下的深圳社会工作本土化模式探讨》，硕士学位论文，华中科技大学，2012。

李洪山、范思阳：《治理理论视角下公民参与政府购买公共服务研究》，《理论导刊》2017 年第 2 期。

李伟峰：《双重制度逻辑下企业社会工作的发展：一个新制度主义视角的解析》，硕士学位论文，中国社会科学院研究生院，2012。

李卫湘：《广东：规范民政领域政府购买和资助社工服务》，《中国社会工作》2013 年第 30 期。

李越：《深圳市政府购买岗位社会工作服务的问题与对策研究》，硕士学位论文，福建师范大学，2013。

梁宵：《论公共服务购买：政府与社会组织伙伴关系的建构》，《重庆科技学院学报》（社会科学版）2013 年第 10 期。

梁祖彬：《香港非政府组织的发展：公共组织与商业运作的混合模式》，《当代港澳研究》2009 年第 1 期。

刘金伟：《我国农村卫生服务的公平性研究》，硕士学位论文，北京工业大学，2006。

刘君：《政府购买社会工作服务文献综述》，《山东行政学院学报》2012 年第 6 期。

刘昆：《贯彻落实三中全会精神　大力推广政府购买服务》，《学会》2014 年第 7 期。

刘舒杨、王浦劬：《政府购买公共服务中的风险与防范》，《四川大学学报》（哲学社会科学版）2016 年第 5 期。

刘晓洲：《政府购买服务与国家治理现代化转型》，《理论视野》2018 年第 9 期。

龙凌：《以项目社工为依托的社区服务中心"嵌入式"运营研究：以深圳市 W 社区服务中心为例》，硕士学位论文，华中科技大学，2013。

卢磊：《民办社工服务机构发展中的十个反思》，《中国社会工作》2014 年第 4 期。

〔美〕罗伯特·B·丹哈特、珍妮特·V·丹哈特、刘俊生：《新公共服务：服务而非掌舵》，《中国行政管理》2002 年第 10 期。

吕方：《从街居制到社区制：变革过程及其深层意涵》，《福建论坛》

（人文社会科学版）2010 年第 11 期。

马贵侠、叶士华：《政府向社会工作机构购买服务的运作机制、困境及前瞻》，《广东工业大学学报》（社会科学版）2014 年第 14 期。

马晓晗：《政府购买社工服务，顶层设计还需再突破》，《中国社会工作》2015 年第 19 期。

裴建寿：《社会工作者职业保护研究》，硕士学位论文，西北大学，2015。

彭华民、万国威：《残疾人社会福利制度：内地与香港的三维比较》，《南开学报》（哲学社会科学版）2013 年第 1 期。

彭凯健：《社会工作协会、社工机构和政府互动关系研究》，硕士学位论文，西北农林科技大学，2015。

彭少峰、张昱：《迈向"契约化"的政社合作——中国政府向社会力量购买服务之研究》，《内蒙古社会科学》（汉文版）2014 年第 35 期。

齐海丽：《政府购买社会组织公共服务的英国经验及启示》，《学会》2018 年第 5 期。

任建新、李浩：《上海政府购买公共服务的发展方向：独立性购买》，《求知》2013 年第 5 期。

〔美〕萨拉蒙：《公共服务中的伙伴》，田凯译，商务印书馆，2008。

邵青：《民办社工机构承接政府购买服务：实践、困境与创新》，《求实》2012 年第 4 期。

施巍巍、罗新录：《我国养老服务政策的演变与国家角色的定位——福利多元主义视角》，《理论探讨》2014 年第 2 期。

孙佳伟、范明林：《理性选择视野下政府购买社会组织服务研究——以 W 街道购买养老服务为例》，《中国社会工作研究》2013 年第 11 期。

邰鹏峰：《政府购买公共服务的监管成效、困境与反思——基于内地公共服务现状的实证研究》，《辽宁大学学报》（哲学社会科学版）2013 年第 41 期。

唐斌：《社会工作机构与政府组织的相互嵌入及其影响》，《社会工作》（下半月）2010 年第 7 期。

汪昊：《机构承接购买服务操作之难》，《中国社会工作》2015 年第 19 期。

王才章：《政府购买公共服务中政府与社会组织的关系——一个组织社会学的新制度主义视角》，《学术论坛》2016 年第 39 期。

王冠：《政府购买服务的三元关系探讨》，《山西师大学报》（社会科学版）2011 年第 38 期。

王广州、戈艳霞：《中国老年人口丧偶状况及未来发展趋势研究》，《老龄科学研究》2013 年第 1 期。

王华：《治理中的伙伴关系：政府与非政府组织间的合作》，《云南社会科学》2003 年第 3 期。

王箭：《政府购买服务机制比较：四直辖市例证》，《重庆社会科学》2014 年第 11 期。

王杰、朱志伟、康姣：《政府购买公共服务背景下的第三部门失灵及其治理》，《领导科学》2018 年第 32 期。

王名、蔡志鸿、王春婷：《社会共治：多元主体共同治理的实践探索与制度创新》，《中国行政管理》2014 年第 12 期。

王名、乐园：《中国民间组织参与公共服务购买的模式分析》，《中共浙江省委党校学报》2008 年第 4 期。

王浦劬、萨拉蒙：《政府向社会组织购买公共服务研究——中国与全球经验分析》，北京大学出版社，2010。

王瑞鸿：《政府购买社工服务中的多元视角》，《中国社会工作》2015 年第 22 期。

王绍光：《巨人的瘸腿：从城镇医疗不平等谈起》，《读书》2005 年第 11 期。

王思斌：《中国社会的求—助关系——制度与文化的视角》，《社会学研究》2001 年第 4 期。

王思斌：《中国社会工作的嵌入性发展》，《社会科学战线》2011 年第 2 期。

王思斌：《中国社会工作者的专业培训：现状与前景》，《社会工作》

1996 年第 6 期。

王志宝、孙铁山、李国平：《近 20 年来中国人口老龄化的区域差异及其演化》，《人口研究》2013 年第 37 期。

王志刚：《多中心治理理论的起源、发展与演变》，《东南大学学报》（哲学社会科学版）2009 年第 11 期。

隗苗苗：《我国香港地区政府购买社会公共服务的现状及其启示》，《长沙民政职业技术学院学报》2016 年第 23 期。

温卓毅：《政府购买服务的理论与实践——中国香港的案例》，《中国公共政策评论》2011 年第 5 期。

〔美〕文森特·奥斯特罗姆等：《美国地方政府》，井敏等译，北京大学出版社，2004。

吴帆、周镇忠、刘叶：《政府购买服务的美国经验及其对中国的借鉴意义——基于对一个公共服务个案的观察》，《公共行政评论》2016 年第 9 期。

吴世坤：《合谋的制衡：以激励性规制理论优化地方政府与社工组织关系》，《重庆行政（公共论坛）》2015 年第 16 期。

吴正合：《高度集中的美国政府采购管理体制及其启示》，《中国政府采购》2006 年第 8 期。

武婉娴：《人本治疗视角下社工的需要》，《中国社会工作》2014 年第 25 期。

夏建中：《从街居制到社区制：我国城市社区 30 年的变迁》，《黑龙江社会科学》2008 年第 5 期。

肖光坤：《拓展公共服务政府购买范围的法治化思考》，《企业导报》2015 年第 7 期。

徐家良、赵挺：《政府购买公共服务的现实困境与路径创新：上海的实践》，《中国行政管理》2013 年第 8 期。

徐盈艳、黄晓星：《促成与约制：制度嵌入性视角下的社会组织发展——基于广东五市政府购买社会工作服务的实践》，《新视野》2015 年第 5 期。

徐盈艳、黎熙元：《政府购买服务规制下的社会工作机构发展——广东四个城市试点项目的比较研究》，《当代港澳研究》2012 年第 4 期。

徐宇珊：《非对称性依赖：中国基金会与政府关系研究》，《公共管理学报》2008 年第 1 期。

徐月宾：《西方福利国家社会服务发展趋势——政府购买服务》，《民政论坛》（《民政管理干部学院学报》）1996 年第 6 期。

许小玲：《政府购买服务：现状、问题与前景——基于内地社会组织的实证研究》，《思想战线》2012 年第 38 期。

许芸：《从政府包办到政府购买——中国社会福利服务供给的新路径》，《南京社会科学》2009 年第 7 期。

薛无瑕、蒋省三、裴建、蔡建旺：《从财政经费视角研究政府购买社会组织服务——基于温州市社会组织参与政府购买服务的能力及意愿的调查》，《经济研究参考》2013 年第 29 期。

杨宝、王兵：《政府购买公共服务模式的中外比较及启示》，《甘肃理论学刊》2011 年第 1 期。

杨梨：《政府购买服务：民办社工机构的困境与对策》，《社会工作与管理》2014 年第 14 期。

姚迈新：《政社关系视角下社会组织提供公共服务问题研究——以广州市政府购买社区家庭综合服务为例》，《岭南学刊》2013 年第 3 期。

于海彬：《广东政府购买公共服务的问题研究》，硕士学位论文，广东商学院，2015。

于蕾：《政府购买服务初期社会工作发展困境研究》，《世纪桥》2015 年第 4 期。

于学军：《中国人口转变与战略机遇期》，《中国人口科学》2003 年第 1 期。

俞可平：《治理和善治引论》，《马克思主义与现实》1999 年第 5 期。

郁建兴、瞿志远：《公私合作伙伴中的主体间关系——基于两个居家养老服务案例的研究》，《经济社会体制比较》2011 年第 4 期。

郁建兴、沈永东：《调适性合作：十八大以来中国政府与社会组织关系的策略性变革》，《政治学研究》2017 年第 3 期。

詹国彬：《需求方缺陷、供给方缺陷与精明买家——政府购买公共服务的困境与破解之道》，《经济社会体制比较》2013 年第 5 期。

张和清、廖其能、许雅婷：《"双百计划"实务模式探究》，《中国社会工作》2018 年第 19 期。

张弘力、林桂凤、夏先德：《论中央对地方专项拨款》，《财政研究》2000 年第 5 期。

张晓杰：《美国政府采购支持科技创新的体制分析及启示》，《中国市场》2007 年第 Z2 期。

张琰：《社会转型期民办社工机构介入社区的障碍分析：以济南 A 服务社、B 服务社为例》，硕士学位论文，山东建筑大学，2011。

张钟汝、范明林、王拓涵：《国家法团主义视域下政府与非政府组织的互动关系研究》，《社会》2009 年第 29 期。

赵慧军：《活动理论的产生、发展及前景》，《东北师大学报》1997 年第 1 期。

郑钧蔚：《社会治理理论的基本内涵及主要内容》，《才智》2015 年第 5 期。

郑伟、林山君、陈凯：《中国人口老龄化的特征趋势及对经济增长的潜在影响》，《数量经济技术经济研究》2014 年第 8 期。

郑卫东：《城市社区建设中的政府购买公共服务探讨——以上海市为例》，《广东行政学院学报》2011 年第 23 期。

周宝砚：《英国政府购买公共服务特点及启示》，《中国社会报》2018 年 6 月。

周波：《政府购买公共服务的国际经验》，《中国财政》2018 年第 11 期。

周志忍：《认识市场化改革的新视角》，《中国行政管理》2009 年第 3 期。

邹焕聪：《"三元主体"框架下政府购买公共服务的主体地位重构研究》，《四川行政学院学报》2016 年第 4 期。

左冬梅、李树茁、宋璐：《中国农村老年人养老院居住意愿的影响因素研究》，《人口学刊》2011 年第 1 期。

Alastair, C. and E. Kruk, "Choosing to Become a Social Worker: Motives, Incentives, Concerns and Disincentives", *Social Work Education*, 2007 (17).

An, Q. L. & M. V. Chapman, "The Early Professional Experience of a New Social Worker in China", *Journal of Social Work Education*, 2014 (50).

Boston J., "The Use of Contracting in the Public Sector-Recent New Zealand Experience", *Australian Journal of Public Administration*, 2010 (55).

Chan, A., Speech by the Chief Secretary for Administration, The Honorable Mrs, 2000.

Coopers & Lybrand, Review of the Social Welfare Subvention System: Report of the Investigatory Phase of the Review, 1995.

Ferris J, Graddy E., "Contracting Out: For What? With Whom?", *Public Administration Review*, 1986 (46).

Harling, P., "The Modern British State: An Historical Introduction", *English Historical Review*, 2001 (118).

Hodge, Graeme A., *Privatization: An International Review of Performance*, Westview Press, 2000.

Holzer M. and K. Callahan, *Government at Work: Best Practices and Model Programs*, SAGE Publications, 1998.

King C S, Stivers C., Government Is Us, SAGE Publications, Inc, 1998.

Knapp, M. R. J., P. Cambridge, C. Thomason & J. Beecham, *Care in the Community: Challenge and Demonstration*, Aldershot, 1992.

Lou, W. Q., V. Pearson and Y. C. Wong, "Humanitarian Welfare Values in a Changing Social Environment: A Survey of Social Work Undergraduate Students in Beijing and Shanghai", *Journal of Social Work*, 2010 (12).

Marion, J. G., "Costs and Benefits of Affirmative Action in California Government Contracting-Executive Summary", *Ssrn Electronic Journal*, 2009.

Moesby-Jensen, C. K, & H. S. Nielson, "Emotional Labor in Social Workers' Practice", *European Journal of Social Work*, 2015 (18).

Peters, G., *The Future of Governing*: *Four Emerging Models*, University Press of Kansas, 1996.

Philip Harling, *The Modern British State*, Polity Press, 2001.

Rose, R., *Common Goals but Different Roles*: *The State's Contribution to the Welfare Mix*, Oxford University Press, 1986.

Salamon, L. M., *The Tools of Government*, Oxford University Press, 2002.

Sbaraini S, Carpenter J., "Barriers to Complaints: a Survey of Mental Health Service Users", *Journal of Management in Medicine*, 1996 (10).

Yan M. C., J. G. Gao & C. M. Lam, "The Dawn is Too Distant: The Experience of 28 Social Work Graduates Entering the Social Work Field in China", *Social Work Education*, 2013 (32).

Yan M. C., M. G. Zhong & S. L. Cheng, "Imagining Social Work: A Qualitative Study of Students' Perspectives on Social Work in China", *Social Work Education*, 2009 (28).

附　录

附录1　国家级政策文件

序号	文件名称	发布日期	发文部门	主要内容
1	《中华人民共和国政府采购法》	2002/6/29 发布	全国人大常委会	包括总则、政府采购当事人、政府采购方式、政府采购程序、政府采购合同、质疑与投诉、监督检查、法律责任、附则。政府采购，是指各级国家机关、事业单位和团体组织，使用财政性资金采购依法制定的集中采购目录以内的或者采购限额标准以上的货物、工程和服务的行为。政府采购方式：（1）公开招标；（2）邀请招标；（3）竞争性谈判；（4）单一来源采购；（5）询价；（6）国务院政府采购监督管理部门认定的其他采购方式。
2	《国务院办公厅关于政府向社会力量购买服务的指导意见》	2013/9/26	国务院办公厅	目标任务："十二五"时期，政府向社会力量购买服务工作在各地逐步推开，统一有效的购买服务平台和机制初步形成，相关制度法规建设取得明显进展。购买主体：各级行政机关和参照公务员法管理、具有行政管理职能的事业单位。承接主体：社会组织、企业、机构。购买内容：适合采取市场化方式提供、社会力量能够承担的公共服务。购买机制：购买工作应按照政府采购法的有关规定，采用公开招标、邀请招标、竞争性谈判、单一来源、询价等方式确定承接主体，严禁转包行为。

序号	文件名称	发布日期	发文部门	主要内容
3	《财政部、民政部、住房城乡建设部、人力资源社会保障部、卫生计生委、中国残疾人联合会关于做好政府购买残疾人服务试点工作的意见》	2014/4/23	财政部等	试点任务：（1）明确购买主体；（2）确定承接主体；（3）探索试点项目；（4）制定指导性目录；（5）规范服务标准；（6）提供资金保障；（7）健全监管机制；（8）加强绩效评价。工作要求：（1）健全工作机制；（2）确定试点地区；（3）及时跟进总结；（4）加强分类指导；（5）做好培训宣传。
4	《中华人民共和国政府采购法（2014修正）》	2014/8/31	全国人大常委会	包括总则、政府采购当事人、政府采购方式、政府采购程序、政府采购合同、质疑与投诉、监督检查、法律责任、附则。政府采购工程进行招标投标的，适用招标投标法。政府采购合同：采购人与中标、成交供应商应当在中标、成交通知书发出之日起30日内，按照采购文件确定的事项签订政府采购合同。
5	《中国残疾人联合会办公厅关于举办全国残联政府购买服务培训班的通知》	2014/11/3	中国残疾人联合会	积极推动政府向社会力量购买残疾人服务试点工作的有序发展，经中国残联领导同志批准，决定举办政府购买服务培训班。
6	《中华人民共和国政府采购法实施条例》	2015/1/30	国务院	包括总则、政府采购当事人、政府采购方式、政府采购程序、政府采购合同、质疑与投诉、监督检查、法律责任、附则。政府采购方式：经设区的市级以上人民政府财政部门批准，可以依法采用公开招标以外的采购方式。政府采购程序：据集中采购目录、采购限额标准和已批复的部门预算编制政府采购实施计划，报本级人民政府财政部门备案；应当在招标文件、谈判文件、询价通知书中公开采购项目预算金额。招标文件：招标文件的提供期限自招标文件开始发出之日起不得少于5个工作日；招标文件要求投标人提交投标保证金的，投标保证金不得超过采购项目预算金额的2%。

续表

序号	文件名称	发布日期	发文部门	主要内容
7	《财政部、交通运输部关于推进交通运输领域政府购买服务的指导意见》	2016/2/22	财政部、交通运输部	购买内容：（1）公路服务；（2）水路服务；（3）运输服务；（4）事务管理。资金管理：按照"应买尽买、能买尽买"原则，凡具备条件的、适合以购买服务实现的，原则上都要通过政府购买服务方式实施。
8	《国家林业局计财司关于做好政府购买服务指导性目录编制管理工作的通知》	2016/9/5	国家林业局（已撤销）	指导性目录根据部门职责及政府购买服务相关规定确定，是政府购买服务种类、性质和内容的集中反映，是填报政府购买服务相关支出预算需求、组织实施政府购买服务的依据和参考。指导性目录实行分级管理，分单位编制。
9	《财政部、中央编办关于做好事业单位政府购买服务改革工作的意见》	2016/11/30	财政部、中央机构编制委员会办公室	基本原则：一是坚持分类施策，二是坚持问题导向，三是坚持公开透明，四是坚持统筹协调，五是坚持稳妥推进。总体目标：到2020年底，事业单位政府购买服务改革工作全面推开，事业单位提供公共服务的能力和水平明显提升，等等。主要措施：（1）推行政府向公益二类事业单位购买服务；（2）探索建立与政府购买服务制度相适应的财政支持和人员编制管理制度；（3）将现由事业单位承担并且适宜由社会力量提供的服务事项纳入政府购买服务指导性目录；（4）落实税收等相关优惠政策；（5）加强合同履约管理；（6）推进绩效管理；（7）强化监督管理；（8）做好信息公开。工作要求：做好信息公开，扎实有效推进，加强调研督导。

序号	文件名称	发布日期	发文部门	主要内容
10	《财政部、民政部关于通过政府购买服务支持社会组织培育发展的指导意见》	2016/12/1	财政部、民政部	改善准入环境：社会组织参与承接政府购买服务应当符合有关资质要求，但不应对社会组织成立年限做硬性规定。 分类指导和重点支持：鼓励各级政府部门同等条件下优先向社会组织购买民生保障、社会治理、行业管理、公益慈善等领域的公共服务。政府新增公共服务支出通过政府购买服务安排的部分，向社会组织购买的比例原则上不低于30%。 完善采购环节管理：优化政府购买服务项目申报、预算编制、组织采购、项目监管、绩效评价等工作流程，提高工作效率；对购买内容相对固定、连续性强、经费来源稳定、价格变化较小的公共服务项目，购买主体与提供服务的社会组织签订的政府购买服务合同可适当延长履行期限，最长可以设定为3年。 资金来源：中央财政将继续安排专项资金，有条件的地方可参照安排专项资金。
11	《财政部关于坚决制止地方以政府购买服务名义违法违规融资的通知》	2017/5/28	财政部	严禁利用或虚构政府购买服务合同违法违规融资。金融机构涉及政府购买服务的融资审查，必须符合政府预算管理制度相关要求。 严格按照《中华人民共和国政府采购法》确定的服务范围实施政府购买服务，不得将以下事项纳入政府购买服务范围：（1）原材料、燃料、设备、产品等货物，以及建筑物和构筑物的新建、改建、扩建及其相关的装修、拆除、修缮等建设工程；（2）铁路、公路、机场、通讯、水电煤气，以及教育、科技、医疗卫生、文化、体育等领域的基础设施建设，储备土地前期开发，农田水利等建设工程；（3）金融机构、融资租赁公司等非金融机构提供的融资行为。

序号	文件名称	发布日期	发文部门	主要内容
12	《民政部、中央编办、财政部、人力资源社会保障部关于积极推行政府购买服务加强基层社会救助经办服务能力的意见》	2017/9/15	民政部等	明确购买主体：县级以上地方人民政府是购买社会救助服务的主体，民政部门具体负责组织实施工作。乡镇人民政府、街道办事处也可购买社会救助相关服务。 界定承接主体：承接政府购买社会救助服务的主体主要是依法在民政部门登记成立或经国务院批准免予登记的社会组织，按事业单位分类改革应划入公益二类或生产经营类的事业单位法人，依法在工商管理或行业主管部门登记成立的企业、机构等社会力量。 完善购买机制：各地要合理设置购买项目，将社会救助服务纳入相关部门政府购买服务指导性目录。 加强窗口建设：推动跨部门救助事项的业务协同，依托现有政务大厅，在乡镇（街道）层面普遍设立"一门受理、协同办理"窗口，或结合综合服务窗口，统一受理、转办（介）社会救助申请事项，让"群众来回跑"变为"部门协同办"。 资金来源：政府购买社会救助服务所需经费要列入财政预算，从各级既有的社会救助工作经费或社会救助专项资金等预算中统筹安排。
13	《财政部关于政府购买服务信息平台运行管理有关问题的通知》	2017/10/26	财政部	"中国政府购买服务信息平台"：财政部开发设计和主办的用于全国政府购买服务信息统一管理的专业网站。 管理体制：统一规划、统一管理、集中发布、分级建设。 公告内容：政策法规信息、项目信息、经验交流、观点探讨、专题专栏。

续表

序号	文件名称	发布日期	发文部门	主要内容
14	《水利部政府购买服务指导性目录》	2018/3/30	水利部	属于水利部政府购买服务购买主体的单位，对纳入《指导目录》且已有预算安排的服务事项，应尽可能逐步实施购买服务。 各单位应根据所属事业单位分类定性情况，积极推进所属公益二类事业单位政府购买服务改革工作。 各单位在政府购买服务预算申报和执行过程中，要坚持先有预算安排、后购买服务的原则。
15	《财政部关于推进政府购买服务第三方绩效评价工作的指导意见》	2018/7/30	财政部	试点先行：通过试点完善政府购买服务绩效指标体系，探索创新评价形式、评价方法、评价路径，稳步推广第三方绩效评价，选取天津市、山西省、吉林省、上海市、江苏省、浙江省、河南省、四川省、贵州省、深圳市等10个省、直辖市、计划单列市开展试点。
16	《民政部门利用福利彩票公益金向社会力量购买服务的指导意见》	2014/10/19	民政部	福彩公益金购买服务是一般公共预算资金购买服务的有益补充，是优化福利服务提供方式、提高福彩公益金使用效益和透明度的重要途径。 目标：2020年，全国将基本建立比较完善的福彩公益金购买服务制度，适用范围日趋扩大，资金额度不断增加，社会影响显著增强。

附录 2　广东省政策文件

序号	文件名称	发布日期	发文部门	主要内容
17	《广东省省级政府采购计划管理暂行办法》	2004/12/23	广东省财政厅	政府采购计划编制原则：完整反映政府采购预算原则，公平竞争和维护国家利益、公共利益原则，规模效益性原则。 政府采购计划的编制程序：政府采购计划从基层预算单位编起，按财务隶属关系逐级上报、审核、汇总形成部门政府采购计划，于每季度前的15日前按统一规定的表格样式以纸质和电子形式报送省财政厅（政府采购管理办公室）。

序号	文件名称	发布日期	发文部门	主要内容
18	《政府向社会组织购买服务暂行办法（2012年-2014年）》	2012/5/24	广东省人民政府办公厅	购买主体：使用国家行政编制，经费由财政承担的机关单位；纳入行政编制管理，经费由财政承担的群团组织；依法行使行政管理职能或公益服务职能，经费由财政全额保障的事业单位。严格按采购品目分类编制。 购买范围：（1）社会公共服务与管理事项；（2）履行职责所需要的服务事项。
19	《广东省民政厅、广东省财政厅关于通过购买服务解决社会救助等民政业务服务人员的通知》	2014/4/22	广东省民政厅、广东省财政厅	建立社会救助等民政业务综合服务平台：设立社会救助等民政业务服务窗口。各市、县（市、区）、乡镇（街道）三级要在现有政府办事大厅、综合性服务窗口，设立民政业务服务窗口，建立健全社会救助等民政业务综合性服务平台。
20	《政府向社会力量购买服务暂行办法（2014年至今）》	2014/7/2	广东省人民政府办公厅	购买方式：（1）服务外包；（2）补助或奖励；（3）政府确定的其他方式。 购买程序：（1）制定购买计划；（2）实施购买服务；（3）严格合同管理。 资金安排：从其部门预算安排的公用经费或经批准使用的专项经费中解决。 "一事一议"原则。
21	《广东省人民政府办公厅关于进一步深化政府采购管理制度改革的意见》	2015/11/9	广东省人民政府	政府采购管理：实行政府采购计划备案管理；优化进口产品核准程序；统一全省政府集中采购目录、采购限额标准和公开招标数额标准；探索实施省属重点建设高等学校自行采购试点。 政府采购操作执行：积极推进政府采购电子交易；推行批量集中采购；加快政府采购信息化建设；建立健全支持创新驱动发展的政府采购政策体系；落实节能环保、中小微企业、监狱企业等政府采购政策功能。

续表

序号	文件名称	发布日期	发文部门	主要内容
22	《广东省财政厅关于调整广东省省级政府采购公开招标数额标准和采购限额标准的通知》	2015/11/25	广东省财政厅	货物和服务项目的公开招标数额标准由 80 万元调整为 200 万元，工程项目的公开招标数额标准按国家和省有关规定执行。《广东省 2013 年政府集中采购目录》以外的货物和服务项目，采购限额标准由 20 万元调整为 50 万元。单次采购金额未达到采购限额标准的，不纳入政府采购管理范畴。《广东省 2013 年政府集中采购目录》内的实验室设备和医疗设备等 2 个品目的采购起点金额标准由 20 万元提高至 50 万元。单次采购金额未达到采购起点金额标准的，不纳入政府采购管理范畴。
23	《广东省民政厅关于进一步做好政府购买养老服务工作的通知》	2016/6/6	广东省民政厅	购买内容：居家养老、社区养老、机构养老、养老服务人员培养、养老服务评估、养老服务网络信息建设、养老服务课题研究、养老服务行业评估项目。
24	《广东省事业单位政府购买服务改革工作实施方案》	2017/7/4	广东省财政厅	明确公益三类事业单位政府购买服务定位。开展试点、分步稳妥推进改革工作。加强经费测算和收入管理：购买主体按照"以事定费"的原则。

附录 3　佛山市政策文件

序号	文件名称	发布日期	发文部门	主要内容
25	《佛山市关于鼓励企业参与政府采购指导意见》	2008/1/29	佛山市人民政府办公室	市及区财政部门要制定规范政府采购的指导性文件，放宽中小企业参与政府采购的标准，充分结合中小企业产品的特点，使用"目录制"的形式来实现政府采购对中小企业的扶持。

续表

序号	文件名称	发布日期	发文部门	主要内容
25	《佛山市关于鼓励企业参与政府采购指导意见》	2008/1/29	佛山市人民政府办公室	企业参与政府采购的奖励办法。市对获得重大政府采购项目的企业将给予表彰奖励，并组织新闻报道，提升企业的知名度（重大项目的界定指标，将根据每年本市企业参与政府采购项目的实际情况，由市财政局会同相关部门确认）；各区政府要根据本意见，制定具体的政府采购成交奖励和培训事后补助办法。
26	《佛山市发挥政府采购政策功能促进中小企业发展的工作措施》	2010/5/13	佛山市人民政府办公室	提高企业自身素质积极参与政府采购；建立中小企业参与政府采购诚信体系；发挥部门集中采购的扶持作用，对本地企业实施同等优先原则；加强对政府采购活动的监督管理。
27	《佛山市基本公共服务均等化发展规划（2010~2020年）》	2011/5/20	佛山市人民政府办公室	要求加快推进公共医疗卫生均等化，促进国家基本药物制度、基层医疗卫生机构综合改革以及政府购买公共卫生服务等改革，创新社会管理服务，加快医药卫生体制改革。
28	《关于进一步推进居家养老服务的实施意见》	2011/6/20	佛山市人民政府办公室	资金来源：以地方财政投入为主，福利彩票公益金资助为辅。 主要任务：通过政府财政投入，为"三无"孤老、低收入孤老、一等以上伤残军人等"九种老人"购买在家养老服务项目，并通过广泛宣传和推广普及，将居家养老服务最大限度惠及社会其他老人；将居家养老服务经费纳入财政预算，并让"九种老人"全部享受到政府购买的居家养老服务。

续表

序号	文件名称	发布日期	发文部门	主要内容
29	《佛山市政府向社会组织购买服务实施办法》	2012/11/6	佛山市人民政府办公室	基本原则：权责明确；竞争择优；财随事转；注重绩效。 购买主体：适用于党的机关、人大机关、行政机关、政协机关、审判和检察机关、民主党派机关，纳入行政编制管理的群团组织，以及依法行使行政管理职能或公益服务职能，经费由财政全额保障的事业单位。 购买范围：除法律法规另有规定，或涉及国家安全、保密事项以及司法审判、行政决策、行政许可、行政审批、行政执法、行政强制等事项外的社会公共服务与管理事项。 供应方条件：正常运作1年以上、3年内均无违法违纪行为、参加了社会组织年检并合格；因成立时间不足3年或因其他特殊原因未能连续参加最近3个年度年检的，自成立以来无违法违规行为，社会信誉好。 资金来源：财政专项资金管理规定和"一事一议"原则。
30	《佛山市市级政府采购资金财政直接拨付管理办法》	2014/1/10	佛山市财政局	具体管理程序：支付申请-审核-支付。 资金处理：资金超出预算由佛山市财政局和采购单位按采购合同约定的各自负担比例补足；节约的资金按照资金来源，分别处理。
31	《佛山市政府采购供应商信息登记及诚信考核管理办法》	2014/9/28	佛山市发展和改革局、佛山市财政局	实行供应商登记制度，建立佛山市政府采购项目供应商信息数据库并实行市级统一管理；佛山市公共资源交易管理委员会办公室对供应商进行监督管理。

续表

序号	文件名称	发布日期	发文部门	主要内容
32	《关于进一步推进基层基本公共服务均等化的实施方案》	2015/1/2	佛山市委办公室、佛山市人民政府办公室	通过推进"一事一议"财政奖励补助政策、政府购买社会服务、引入市场机制等多种方式，在政府主导前提下，实现基层基本公共服务提供主体和提供方式多元化，逐步形成政府主导、社会参与、市场运作并举的供给模式，不断提高基层基本公共服务的供给能力、质量和效率。
33	《佛山市人民政府办公室关于进一步推进学校体育设施向公众开放的实施意见（试行）》	2016/6/30	佛山市人民政府办公室	组织协调本区域内的公办学校向公众开放学校体育设施，指导学校通过政府购买服务的方式对学校体育设施统一进行委托管理。收费和使用：学校通过体育设施向公众开放所得收入（包括承包、租赁收入）应当纳入学校的单位预算管理，其使用按同级财政部门有关规定执行；向公众开放体育设施的学校收取的费用及用于向公众开放体育设施的营运、管理维护、聘请人员等费用的开支使用情况应定期向社会公示。经费与保障：向公众开放的学校体育设施的营运、管理维护、聘请人员、公众责任保险等相关费用纳入同级财政预算予以保障；全市各级体育、教育行政主管部门可根据具体情况会同同级财政部门对公共评议优异的开放学校予以财政补助。
34	《佛山市人民政府办公室关于进一步完善代建项目政府采购活动事项的通知》	2016/7/6	佛山市人民政府办公室	采购活动的环节调整：采购资金核实→报送采购计划→委托代理机构→采购需求提出→确认采购文件→开标评标委派采购人代表→确认中标结果→签订采购合同→履约验收→合同支付
35	《佛山市人民政府办公室关于加快推进城市棚户区改造工作的实施意见》	2016/7/26	佛山市人民政府办公室	坚持政府引导、业主参与、市场运作原则；注重发挥市场机制作用，充分调动相关企业和城市棚户区居民的积极性。改造方式：国有土地上城市棚户区改造实行拆除新建的，按照房屋征收的有关政策、规定和程序，由各区人民政府组织实施；集体土地上城中村改造，按照我市关于城中村改造的有关政策和程序实施；对于非集中成片、近期无改造计划的城市棚户区，在规划许可前提下，可采取产权人自行改建（扩建、翻建）房屋，解决居住安全。

续表

序号	文件名称	发布日期	发文部门	主要内容
35	《佛山市人民政府办公室关于加快推进城市棚户区改造工作的实施意见》	2016/7/26	佛山市人民政府办公室	安置补偿：城市棚户区改造要因地制宜，居民安置实行实物安置和货币补偿相结合，由城市棚户区居民自愿选择。 优惠政策：（1）土地供应政策：城市棚户区改造安置住房用地纳入当地土地供应计划优先安排；（2）财政税费政策：加大资金投入和信贷支持；（3）安置补偿政策：对选择货币化安置补偿方式的棚户区居民给予购买安置房优惠，对无力购买普通商品住房且符合公共租赁住房保障条件的城市棚户区居民，可优先安排入住已建成的公共租赁住房，或享有公共租赁住房货币补贴。。
36	《佛山市妇联系统关于购买社会工作服务资金管理的工作指引》	2017/3/28	佛山市妇联	从源头对妇联系统购买社会工作服务资金的使用进行规范管理，保障服务的有序进行。 实现各区、镇街妇联和机构相互间的沟通与合作，满足家庭服务中心由专业社工机构承接的专业化社会服务要求。
37	《佛山市政府购买棚户区改造服务管理办法（征求意见稿）》	2017/6/21	佛山市住房和城乡建设管理局	规划及财政承受能力评估：各区政府需测算本区财政购买服务的承受能力，明确购买棚改服务的规模总量以及分期购买的计划安排等。 实施采购：购买主体根据政府采购法的有关规定确定承接主体，承接主体可向国开行、农发行等银行业金融机构申请贷款，金融机构对贷款进行独立审批。 预算及财务管理：各区政府购买棚改服务资金纳入年度财政预算，承接主体需建立健全财务制度和财务报告制度，确保资金规范管理和使用。 绩效和监督管理：各级财政部门需按照建立全过程预算绩效管理机制的要求，加强成本效益分析，推进政府购买棚改服务绩效评价工作；财政、审计、监察等有关部门应当加强对政府购买棚改服务的监督、审计，对违法犯罪行为依法依纪追究责任。

续表

序号	文件名称	发布日期	发文部门	主要内容
38	《佛山市人民政府办公室关于佛山市政府采购支持中小微企业质押融资的实施意见》	2017/9/22	佛山市人民政府办公室	工作目标：解决中小微企业融资难问题，改进和完善中小微企业金融服务。工作内容：取得政府采购合同并在政府采购监管部门办理合同备案的中小微企业供应商可向佛山市行政区域内银行申请"政府采购质押融资"；银行按规定对供应商进行审查，审核无误予以放款。
39	《佛山市职业教育现代学徒制试点实施办法（试行）》	2018/3/8	佛山市教育局	明确政府购买服务支持现代学徒制试点项目的方式。现代学徒制学生在公共实训中心跟岗实习成本原则上根据教学时数以同等学费和兼职教师课时费结合教学项目的耗材情况核定；按照经教育、财政部门审核的培养成本或经备案的公共实训中心模块课程收费标准，职业学校以政府购买服务方式，向公共实训中心支付学生跟岗实习费用。
40	《佛山市人民政府办公室关于印发佛山市网上中介服务超市管理暂行办法的通知》	2018/7/23	佛山市人民政府办公室	中介服务：行政管理工作中委托中介服务机构开展的作为行政管理工作必要条件的有偿服务；中介服务机构是指提供中介服务的企业、事业单位、社会组织等机构。网上中介服务超市：提供给全市各类中介服务进行网上交易的信息平台，为项目业主（委托开展中介服务的国家机关、事业单位、社会组织、企业和个人等）、中介服务机构提供购买、承接中介服务项目进行服务。选取方式：（1）随机抽取：电脑随机摇号抽取；（2）网上竞价：最低价中选，设置最低限价；（3）网上询价：确定中介服务初始价格后随机抽取；（4）直接选取：选取综合信用评价高的中介机构。

附录4 佛山市各区政策文件

序号	文件名称	发布日期	发文部门	主要内容
41	《顺德区公共财政支持社会工作发展的实施方案》	2011/9/2	顺德区人民政府办公室、顺德区委	顺德对社工发展的财政支持方式分为政府购买、政府资助两种，对于民办社会工作服务机构提供的社会工作服务，通过政府采购或特定委托方式，逐步将政府直接"养机构、养人、办事"转变为向符合条件的民办社会工作服务机构购买服务的发展模式。具体运作方式：区属各部门根据工作计划进行专题社会工作服务项目立项，并根据项目大小与难易程度给予社工数量和经费；区委社工部收集申请进行分类整理后报区政府审批；审批同意后，申请立项部门将所需购买社会服务及具体的要求通过政府采购中心向社会公布，以招标的方式确定服务供应方；每年年终进行考核并对考核情况予以监督。
42	《顺德区社会工作人才专业技术职位设置及薪酬待遇方案（试行）》	2011/9/2	顺德区人民政府办公室、顺德区委	规定职位名称和薪酬待遇等级的分类、晋升条件以及给出薪酬待遇的指导意见。
43	《佛山市高明区政府部门职能清理工作方案》	2012/10/8	高明区编委办	规定凡是公民、企业和社会组织能够自主决定、自担风险、自行调节、自律管理的，政府不再承担。凡是能够通过市场提供的服务，政府不再提供。要求涉及的单位部门按照行政执法、日常管理事项、公益服务事项和技术性辅助事项等四个类别进行分类梳理，上报给区行改办进行审核，并在12月底前向社会公开公示职能清理的目录。

序号	文件名称	发布日期	发文部门	主要内容
44	《佛山市三水区家庭服务中心建设实施工作方案》	2013/1/14	三水区区委办公室	建立区家庭服务中心联席会议制度，挂牌成立区首批家庭服务中心工作试点（西南街道张边社区家庭服务中心和白坭镇富景社区家庭服务中心），打造家庭服务品牌，推动维权工作社会化。 以政府购买服务的方式购买专业的社会工作服务。
45	《佛山市南海区人民政府购买社会组织服务实施办法》	2012/11/2	南海区人民政府办公室	购买服务范围。第一类：社会公共服务与管理事项，例如适宜由社会组织承担的部分基本公共服务事项；行业资格认定和准入审核，行业管理与协调事项，以及科研、行业规划等技术服务事项。第二类：政府履行职责所需要的服务事项，例如法律服务、课题研究等辅助性和技术性事务。
46	《佛山市高明区人民政府关于公布实施2013年深化行政审批制度改革事项目录（第一批）的通知》	2013/6/21	高明区人民政府	进一步完善政府向社会组织购买服务相关制度。 对于购买服务的职能事项，要严格按照《佛山市人民政府办公室关于印发佛山市政府向社会组织购买服务实施办法的通知》（佛府办〔2012〕83号）和高明区的相关要求及政府采购的具体规定，做好政府购买服务的具体实施工作。 购买服务的行政许可事项为"城市道路、桥梁及其设施项目工程建设初步设计审查"。
47	《顺德区残疾人居家康复服务实施方案》	2013/8/19	顺德区委社会工作部	目的：通过政府购买服务方式，选择有资质的康复服务机构，为有康复需求的残疾人提供居家康复服务。 规定救助标准（每年补助最高限额10000元/人）、服务方式（上门为主、集中为辅）、服务内容（康复训练与护理与社会工作服务）、服务时间以及项目评估要求。

序号	文件名称	发布日期	发文部门	主要内容
48	《关于全面推进禅城区居家养老服务工作的实施意见》	2013/10/29	禅城区法制办	以镇（街道）财政投入为主、区级财政和福利为辅为政府购买养老服务提供资金支持。 将居家养老的受益范围扩大到四类14种，新增1-4级革命伤残军人、80岁以上的老人等受益群体，并将1-4级革命伤残军人细分为60岁以上和以下两种，市级劳动模范也不再规定必须为60岁以上。
49	《佛山市高明区政府向社会组织购买服务实施办法》	2014/1/2	高明区人民政府办公室	规定原先由政府直接承担或通过事业单位承担的技术性、服务性、辅助性的公共服务事项，将交由有资质的社会组织来完成。社会组织提供公共服务产品后，政府将按照一定的标准评估履约情况来支付服务费用。
50	《佛山市禅城区肢体残疾人居家康复服务工作实施方案》	2014/6/19	禅城区民政局	遵循以"政府购买服务"的方式由专业化的公办社区卫生服务机构提供服务的原则。 规定康复救助对象、救助办法、服务规范以及操作程序。
51	《禅城区社会组织评估实施办法》	2012/8/9	禅城区社会组织管理局	经等级评估，3A及以上的社会组织具有接受政府职能转移、政府购买服务和享受公益性捐赠税前扣除优惠政策。 评估程序：（1）参评社会组织完成自评并将材料报送评估委员会；（2）评估委员会对社会组织进行资格审核，符合评估条件的列入评估范围；（3）评估委员会派出评估小组对社会组织进行实地考察和初评，形成初评意见后报评估委员会，由评估委员会集中上报区社会组织等级评估工作联席会议审核；（4）区社会组织等级评估工作联席会议对初评意见进行审核并将审核结果向社会公示。

续表

序号	文件名称	发布日期	发文部门	主要内容
52	《佛山市高明区社会组织发展专项扶持资金管理办法》	2014/8/27	高明区财政局	区财政设立用于扶持社会组织发展补助资金。 扶持范围和补助标准：公益服务类（每家30万元）；经济服务类（每家5万元）；文化体育类（每家5万元）。 申报资料和审批程序：各社会组织提交申请书，根据实施项目的类型向各相关业务指导单位提出申报；各相关业务指导单位负责组织专家予以评审，报区财政局、区民政部门审定后实施。 信息公开与监督管理：建立资金使用信息公开制度和监督检查制度。
53	《关于构建公共法律服务体系推进基层社会治理法治化的实施方案》	2015/4/1	禅城区司法局	在区、镇（街道）设置公共法律服务中心，在村（居）社区服务中心设置公共法律服务站，打造"半小时法律援助服务圈"。 通过购买法律服务的形式，由镇（街道）聘请精通法律业务、熟悉基层情况的5名以上律师，组成来自不同律师事务所的镇（街道）律师顾问团，为基层政府重大决策提供法律方面的意见或进行法律论证。
54	《关于鼓励和引导社会资本进入基础设施及公共服务等领域的实施意见（试行）》	2015/4/30	顺德区区委	全面开放基础设施类、开发整理类、市政公共设施、社会事业设施、购买服务类五个领域，鼓励民资参与建设，对企业利润率采取"封顶"制，做到"盈利但不暴利"。 具体要求：项目合作周期原则上不超过30年，合理利润率应以商业银行中长期贷款利率水平为基准，充分考虑可用性付费、使用量付费、绩效付费的不同情景，结合风险等因素确定。存在较高风险且风险主要由社会投资方承担的项目，如投资回报率的测算确实有困难，应根据项目自身条件，合法、合理确定投资回报率的上限。

续表

序号	文件名称	发布日期	发文部门	主要内容
55	《禅城区社会工作服务项目绩效评估实施办法》	2015/6/30	禅城区人民政府办公室	社会工作服务项目绩效评估由购买方（或资助方）组织实施。购买方（或资助方）委托评估机构组建专业评估团队开展评估工作。评估机构评估资质由区民政部门按政府采购程序招标确定，每两年确定 1 次，每次确定不少于 3 家。 评估内容至少包括评估开展情况、项目及执行基本情况、评估结论及建议；评估由日常察看和末期评估两个阶段组成，项目开展期间应开展不少于四次的评估，末期评估原则上在项目运行期的最后 1 个月展开，项目执行方应根据评估需要及时提供项目相关资料。
56	《禅城区发展学前教育第二期三年行动计划（2014-2016 年）》	2015/9/6	禅城区人民政府办公室	优化成本管理机制。价格主管部门以政府购买服务的方式，完善幼儿园幼儿教育培养成本监审机制；实行幼儿教育培养成本定点监审与抽样监审相结合，分级分类理清各等级幼儿园办园平均成本，提高幼儿园收费定价、调价工作的科学性。
57	《禅城区政府购买社会工作服务预算编制指引》	2016/10/25	禅城区人民政府办公室	购买社会工作服务预算范围：政府利用财政资金，采取市场化、契约化方式，面向具有专业资质的社会组织和企事业单位购买社会工作服务，服务围绕有需要的社会弱势人群开展。 各要素构成：人员成本费用；服务成本费用；能力成长费用；行政管理费用；税费及不可预见费用；评估审计费。 社会工作服务指标量化参考：整体工作时数；专业服务时数。
58	《禅城区政府购买社会工作服务组织实施指引》	2016/10/25	禅城区人民政府办公室	编制采购需求：服务期限、服务需求、服务内容、服务目标、任务指标、服务质量、服务量化与非量化指标。 编制采购文件：采购服务要求、经费预算要求、人员配备要求、投标机构要求、其他相关要求、评分体系与标准； 签订服务合同、组织实施、管理评估等事项。

续表

序号	文件名称	发布日期	发文部门	主要内容
59	《佛山市高明区社会建设创新奖励专项资金管理试行办法》	2017/6/21	高明区政法局	提供资金鼓励社会力量进入社会工作领域，规定社会建设领域创新工作的资助范围、申报主体、申报要求以及资助形式。资助范围：企业社会工作服务项目；市民素质提升项目；志愿者队伍建设项目；社会治理与创新领域党建项目；流动人口融合项目；公共服务领域的公益项目；其他社会建设创新项目。重点资助严重精神障碍患者服务项目和社区矫正、安置帮教项目。
60	《佛山市顺德区政府购买基本公共服务监督暂行办法》	2017/9/15	顺德区人民政府	规定购买主体和承接主体、购买方式及程序、合同管理与履约监督以及绩效和监督管理。政府购买基本公共服务的适用范围主要包括劳动就业、人才服务、社会保险、人口和计划生育、医疗卫生、公共安全、社会事务服务、公共交通运输、环境治理、城市维护及民生项目等领域适宜由社会力量承担的基本公共服务事项。

图书在版编目（CIP）数据

政府购买服务之三元主体关系论辩：以广佛都市圈
实践经验为例 / 丁瑜，陈永杰，黄思敏著. -- 北京：
社会科学文献出版社，2020.2
ISBN 978-7-5201-6046-9

Ⅰ.①政… Ⅱ.①丁… ②陈… ③黄… Ⅲ.①地方政
府-公共服务-政府采购制度-研究-广东 Ⅳ.
①D625.65②F812.765

中国版本图书馆 CIP 数据核字（2020）第 015556 号

政府购买服务之三元主体关系论辩
——以广佛都市圈实践经验为例

著　　者／丁　瑜　陈永杰　黄思敏

出 版 人／谢寿光
责任编辑／高　媛

出　　版／社会科学文献出版社·政法传媒分社（010）59367156
　　　　　地址：北京市北三环中路甲 29 号院华龙大厦　邮编：100029
　　　　　网址：www.ssap.com.cn
发　　行／市场营销中心（010）59367081　59367083
印　　装／三河市尚艺印装有限公司

规　　格／开　本：787mm×1092mm　1/16
　　　　　印　张：14.5　字　数：220 千字
版　　次／2020 年 2 月第 1 版　2020 年 2 月第 1 次印刷
书　　号／ISBN 978-7-5201-6046-9
定　　价／89.00 元

本书如有印装质量问题，请与读者服务中心（010-59367028）联系